LA DECONS-TRUCCIÓN

Y EL ESPÍRITU

T0343532

ESTEBAN SOLÍS

LA DECONSTRUCCIÓN Y EL ESPÍRITU

RESPUESTAS CLARAS A PROCESOS DE BÚSQUEDA

ESTEBAN SOLÍS

e625.com

LA DECONSTRUCCIÓN Y EL ESPÍRITU

e625 - 2024

Dallas, Texas

e625 ©2024 por Esteban Solís

Edición: **Stefany Bremer**

Diseño de portada e interior: **Ezequiel Soriano**

ISBN: 978-1-954149-64-9

IMPRESO EN ESTADOS UNIDOS

A mi esposa, Cristina, y a mis hijos Matías y Valeria;
su amor inspira mi vida.

A la increíble Iglesia El Centro, donde Cris y yo
aprendimos cómo ser pastores.

A todo pastor en necesidad de dirección, Dios está contigo.

CONTENIDO

EL POSMODERNISMO

Estoy de acuerdo con Roger Olson cuando explica que el posmodernismo es un estado de ánimo cultural que se manifiesta como escepticismo hacia las grandes afirmaciones de verdad, cuestionando "la autoridad solo porque es autoridad, la tradición solo porque es tradición y las afirmaciones de verdad solo porque son afirmaciones de verdad"[1]. Esta postura tiende hacia la destrucción y a menudo se convierte en "una excusa para el individualismo radical".[2] La posmodernidad como esfuerzo filosófico, en cambio, "es un serio desencanto con la modernidad y la determinación de encontrar algo que la reemplace sin desechar todos los logros de la Ilustración".[3] Así, aunque hay una sensación de discontinuidad por este desencanto, también

---

1. Existe una diferencia entre el posmodernismo y la posmodernidad. El posmodernismo se refiere a un movimiento intelectual, mientras posmodernidad apunta a un fenómeno cultural. En general, usaré los términos indistintamente para referirme a la época actual que atraviesa el mundo occidental (y otras regiones). Ver, James K.A. Smith, Who's Afraid of Postmodernism, 20.

2. Ibid., 653.

3. Ibid.

hay una sensación de continuidad con la modernidad. Esto lleva a Crystal Downing a definir el posmodernismo como lo que "sigue las enseñanzas del modernismo",[4] en el sentido de que cuestiona su verdad.

Al fin y al cabo, la modernidad y la posmodernidad son una historia de esperanzas no alcanzadas. La modernidad apostó por la razón humana, promoviendo democracias, educación y logros científicos sin precedentes. La posmodernidad reconoce estos logros, pero no niega el desencanto producido por las actitudes totalizadoras y los fracasos morales de la modernidad. A pesar de los avances, la modernidad no cumplió los anhelos más profundos de la humanidad. La modernidad deificó la razón humana, mientras que la posmodernidad se desencantó de este ídolo. En este punto, la fe encuentra un aliado, ya que "el cristianismo y el posmodernismo comparten la preocupación por derribar ídolos".[5] La posmodernidad ofrece elementos que el cristianismo puede aprovechar, pero es esencial mantener una postura crítica,[6] reconociendo la influencia de ambos movimientos[7] en la teología cristiana y en los creyentes.

---

4.   Crystal L. Downing, How Postmodernism Serves (My) Faith: Questioning Truth in Language, Philosophy and Art (Downers Grove, IL: InterVarsity Press, 2006), 20.

5.   Olson, The Journey of Modern Theology, 655.

6.   Alan Padgett clasifica las posibles respuestas cristianas al posmodernismo en cuatro categorías que se explican por sí mismas: la avestruz, el "coco" (bogeyman en inglés), el mejor amigo y compañero de diálogo crítico. Ver "Christianity and Postmodernity," en Christian Scholar's Review, 129.

7.   Nancey Murphy afirma que tanto los teólogos conservadores (construyendo desde la escritura) como los teólogos liberales (construyendo desde la experiencia) dependen de métodos y supuestos pertenecientes a la modernidad; sin embargo, ella considera que el posmodernismo puede crear un puente entre el liberalismo y el fundamentalismo. Ver Nancey Murphy, Beyond Liberalism and Fundamentalism, 12.

Vanhoozer resume que el pensamiento posestructuralista o posmoderno rechaza tres postulados modernos: "(1) que la razón es absoluta y universal, (2) que los individuos son autónomos y capaces de trascender su lugar en la historia, la clase y la cultura, (3) que los principios y procedimientos universales son objetivos mientras que las preferencias son subjetivas".[8] Aun cuando los pensadores posmodernos buscan nuevas formas de enfrentar las realidades de la vida, reconocen que sus raíces están en la modernidad.

En este contexto surgen dos fuerzas teológicas posmodernas para contrarrestar los efectos del modernismo en la teología cristiana: los posliberales y los deconstruccionistas.

TEOLOGÍA POSLIBERAL

Los teólogos posliberales utilizan la narrativa, la tradición, la comunidad y la práctica para liberar al cristianismo de las influencias modernas y trascender el "liberalismo… y el espectro de izquierda-media-derecha de la teología moderna".[9]

Olson, Stanley Hauerwas y William Willimon presentan la teología posliberal más como un estado de ánimo que como un movimiento:

Ya no estamos satisfechos… quedándonos en la periferia, cabizbajos, traduciendo nuestras convicciones religiosas en términos aceptables

---

8. Kevin J. Vanhoozer, "Theology and the Condition of Postmodernity," in The Cambridge Companion to Postmodern Theology, ed. Kevin J. Vanhoozer (Cambridge: Cambridge University Press, 2003), 8.

9. Olson, The Journey of Modern Theology, 656.

para el mundo como si fueran algo por lo que hay que disculparse. Por el contrario, estamos listos para decir que nuestras convicciones establecen un programa, una visión, un paradigma para adaptar el mundo al evangelio... hay un agresivo espíritu antisistema [entre los posliberales] que creemos que es correcto. Ellos desafían tanto al mundo académico como a la iglesia a darse cuenta de que las cosas no pueden continuar como de costumbre si los cristianos han de ser de utilidad intelectual y social en nuestro tiempo.[10]

La teología posliberal ve la Biblia como una narración realista que, aunque tiene defectos, ofrece una visión de la realidad a través de la cual los cristianos perciben el mundo. La Biblia puede parecerse a la historia sin ser necesariamente histórica.[11] Además, esta perspectiva considera que la adoración y el testimonio son los principales lenguajes del cristianismo, mientras que la doctrina es un lenguaje secundario que tiene una función "reguladora y no constitutiva",[12] actuando más como un servicio que como una autoridad.[13]

El testimonio es crucial en la teología posliberal, especialmente en la visión de Hauerwas sobre la apologética cristiana. La modernidad suele establecer las reglas del juego, argumentando que "el Dios cristiano no existe solo para defender la fe en ese Dios, sino basándose en premisas seculares".[14] Desde una perspectiva posliberal, la

---

10. Stanley Hauerwas and William Willimon, "Embarrassed by God's Presence," The Christian Century (January 30, 1985), 98.

11. Olson, The Journey of Modern Theology, 660-661.

12. Ibid., 661.

13. Ibid., 663.

14. Ibid., 664.

comunicación cristiana con la sociedad debería ser más testimonial que apologética.

DECONSTRUCCIONISMO

La segunda rama de la teología posmoderna es la teología deconstructiva. Esta se centra en el "compromiso con el 'otro' y la exposición crítica de las tendencias violentas en todos los sistemas de pensamiento, buscando alejar a la teología de la idolatría ideológica para dirigirla hacia una apertura a lo nuevo, lo diferente y lo inesperado".[15]

En la teología deconstructiva, John Caputo es una figura clave, similar a Hauerwas en la teología posliberal. Caputo, al pasar de la filosofía a la teología cristiana, encarna la actitud deconstructiva: cualquier línea establecida por la modernidad es una invitación a transgredir límites, ya que todo lo construido puede ser deconstruido. Este impulso de traspasar los límites es una manifestación del ideal de libre albedrío y autonomía del individuo, mostrando cómo lo posmoderno refleja tanto continuidad como discontinuidad con la modernidad.

Una de las discontinuidades más importantes con la modernidad es el papel de la religión. Caputo observa que tanto la posmodernidad como la premodernidad comparten una apertura a lo sagrado, a la trascendencia y a la religión,[16] una postura que es bastante antimoderna.

---

15. Ibid., 656.

16. Olson, The Journey of Modern Theology, 696.

En cuanto al reino de Dios y la iglesia, Olson cree que Caputo y Hauerwas coinciden con Kierkegaard al describir el cristianismo como una oposición constante a este mundo. Según esta definición, una señal de decadencia del cristianismo sería aceptar compartir con aquello a lo que debe oponerse.[17] Sin embargo, Caputo y Hauerwas difieren profundamente en su visión de la iglesia. Para Caputo, la iglesia es simplemente el «Plan B»[18] de los apóstoles al ver que Jesús no regresó como esperaban, considerándola una construcción provisional. Olson concluye: «Caputo no otorga un lugar positivo a la iglesia en su teología. Es solo otra institución humana que necesita deconstrucción y transformación. Hauerwas coincidiría en que la iglesia no es el reino de Dios y que necesita mejoras, pero se opone al trato arrogante de Caputo hacia la iglesia como si fuera una mera ocurrencia tardía de los apóstoles cuando Jesús no regresó como esperaban"[19]. Junto con Derrida, Caputo muestra fuertes reservas hacia las comunidades, pues cree que tienden a tener una "tendencia intrínseca a volverse totalizadoras y excluyentes".[20] Toda comunidad establece límites protectores a su alrededor, algo que los deconstruccionistas tienden a trastornar; como comunidad e institución, la idea de la iglesia no parece encajar bien con el deconstruccionismo.

Ahora veamos una breve historia del concepto de deconstrucción. La «genealogía» de la palabra francesa «déconstruction» puede rastrearse a través de cinco lenguajes hasta una fuente familiar, pero

---

17. Ibid., 700.

18. John D. Caputo, What Would Jesus Deconstruct? The Good News of Postmodernity for the Church (Grand Rapids, MI: Baker Academic, 2007), 35.

19. Olson, The Journey of Modern Theology, 707.

20. Ibid.

inesperada.[21] Nos encontramos con Dios cansado de lidiar con personas cuya vida religiosa no era más que repeticiones superfluas de construcciones humanas, una pobre imitación de adoración que carecía de sustancia. Así que YHWH anuncia al profeta:

Por eso, voy a hacer cosas tan maravillosas que este pueblo quedará asombrado. Entonces destruiré la sabiduría de sus hombres sabios y la inteligencia de sus personas inteligentes. *(Isaías 29:14 TLA).*

Estas construcciones humanas resultaron en una práctica estéril de la religión hipócrita, alejando a aquellos a quienes YHWH solía llamar «mi pueblo», pero que ahora se llaman «este pueblo». La fe piadosa se deterioró en un "estilo de religión manipuladora propia del paganismo",[22] relegando la relación central con el Creador a la periferia de la vida. Cuando esto sucedió, se descuidó la atención a las palabras de los profetas de Dios; en tiempos de crisis, los líderes optaron por confiar en "sus propios planes sabios y 'realistas'" [23] que amenazaron el futuro anunciado por Dios. Así, la conclusión inevitable es que ese ingenio humano debe perecer [24], ser demolido y destruido para que un futuro radicalmente nuevo, producido por YHWH, pueda existir.

Una vez que se eliminan estas construcciones humanas que han limitado el entendimiento de Dios, pueden surgir cosas nuevas. Oswalt vincula este pasaje con momentos históricos donde Dios ha roto estructuras humanas para traer renovación, como con "San Francisco,

---

21. Caputo, Deconstruction in a Nutshell, lvii.

22. Oswalt, Book of Isaiah, 356.

23. Hays, First Corinthians, 29.

24. Hebreo אבד ('ābad).

los pietistas, los reformadores, el avivamiento wesleyano y el movimiento carismático" [25]. Uno de los ejemplos más destacados de renovación es la vida llena del Espíritu en la iglesia neotestamentaria. Durante este período, Dios envía a los discípulos judíos como un pueblo misionero para alcanzar a los gentiles. La iglesia enfrenta el pensamiento griego del imperio romano. En este contexto, el apóstol Pablo usa palabras de Isaías en "secciones fundamentales para su razonamiento",[26] citando:

"Porque Dios mismo dice: 'Destruiré los planes humanos por sabios que parezcan, y haré caso omiso de las ideas humanas por más brillantes que sean.'" (1 Corintios 1.19 NBV)

Para Wilk, la correspondencia entre 1 Corintios 1 e Isaías 29 LXX muestra que "al citar Isaías 29:14b, Pablo conocía el contexto del Antiguo Testamento; sin embargo, mientras que en su contexto original se refiere a Israel, Pablo lo aplica a la humanidad en general".[27] La obra de Cristo en la cruz desafía tanto las expectativas judías como griegas, representando la experiencia humana frente a la divinidad. Una vez más, la comprensión humana está en desacuerdo con los caminos de Dios; por lo tanto, Dios decide destruir[28] estas construcciones humanas. Para Pablo, la cruz es el cumplimiento de Isaías.[29]

El teólogo Martín Lutero siguió los pasos de Pablo al considerar necia la sabiduría del sabio, confrontando la "teología de la gloria" del

---

25. Oswalt, Book of Isaiah, 356.

26. Wilk, "Isaiah in 1 and 2 Corinthians", 157.

27. Ibid., 137

28. Greek ʼαπολῶ (apolō).

29. Wilk, "Isaiah in 1 and 2 Corinthians", 156.

aristotelismo medieval con una "teología de la cruz". El concepto de destructio —traducción al latín del 'απολῶ (apolō) de Pablo— es central para esta teología; según Crowe, destructio a veces se refiere al trabajo crítico del "teólogo de la cruz" y a la aplicación práctica de la verdad para el bien humano, como en la salvación.[30]

Lutero influyó en el intelecto de Heidegger y en su idea de la filosofía como destruktion. Crowe afirma que el propósito final de la destruktion es positivo porque intenta "liberar posibilidades del pasado para el bien del futuro".[31] La «destruktion» de Heidegger es lo que el filósofo argelino-francés Jacques Derrida traduce al francés como «déconstruction».[32] Esto significa que podemos rastrear las ideas asociadas con la deconstrucción a través de varias figuras: desde el profeta Isaías, pasando por el apóstol Pablo, el teólogo Lutero, el filósofo Heidegger y, finalmente, Derrida. Sin embargo, no debemos pensar que todos estos autores querían decir lo mismo o estarían de acuerdo entre sí; sus contextos y preocupaciones eran diferentes. A pesar del riesgo de anacronismo, podemos decir que todos compartían la idea de que las ideas rígidas pueden impedir un futuro renovado.

¿Qué es la deconstrucción en el contexto de la fe? Se define como «el desmantelamiento de todo lo estructurado... La deconstrucción teológica es el proceso de desmantelar creencias aceptadas".[33] Brian Zahnd la describe como «una crisis de la fe cristiana que lleva a una reevaluación del cristianismo o, a veces, a un abandono total del

---

30. Crowe, Heideggers's Religious Origins, 45, 48, 62.

31. Ibid., 260.

32. Caputo, Cross and Cosmos, 71-76.

33. Swoboda, After Doubt, 7.

mismo».[34] Kenneth Archer la define como «el desierto del criticismo escéptico», lo que sugiere una gran tensión emocional e intelectual. Si consideramos la relación entre la deconstrucción, la tradición profética de Isaías y la comunidad en Corinto, podríamos sugerir que el Espíritu de Dios siempre ha destruido ciertos aspectos de nuestra fe para permitir un renacimiento. Esto significaría que el Espíritu guía a los creyentes hacia una mejor comprensión de la fe y una relación más profunda con Dios cuando las creencias rígidas impiden seguir fielmente a Dios. Sin duda, tal afirmación generará reacciones negativas. Como mencioné anteriormente, la deconstrucción ha sido desacreditada en círculos evangélicos, a veces con buenos argumentos, pero frecuentemente por opiniones mal informadas y defensivas. Por eso es importante aprender de la fuente, no necesariamente para aceptar la teología de Derrida o Caputo, sino para entender el pensamiento deconstructivo y encontrar maneras de pastorear y discipular mejor a los creyentes.

> **LA DECONSTRUCCIÓN TEOLÓGICA ES EL PROCESO DE DESMANTELAR CREENCIAS ACEPTADAS**

En 1994, la Universidad de Villanova organizó una mesa redonda con Jacques Derrida para lanzar un nuevo doctorado en filosofía. La conversación fue dirigida por John Caputo, quien más tarde publicó el intercambio en un libro con comentarios significativos que elaboran

---

34. Zahnd, When Everything Is On Fire, 26.

las respuestas de Derrida. Este trabajo se ha celebrado como influyente en la relación entre la teología y la deconstrucción. En el libro, Derrida ofrece explicaciones importantes sobre la deconstrucción desde su perspectiva.

En el libro «Deconstrucción en pocas palabras», he identificado seis frases que Derrida usa para explicar qué es y qué no es la deconstrucción: (1) la deconstrucción sucede, (2) la deconstrucción sucede desde adentro, (3) la deconstrucción no es un método, (4) la deconstrucción es un llamado, (5) la deconstrucción es un sí al otro, y (6) la deconstrucción es afirmativa de las instituciones, no es destrucción.[35] Estas frases, junto con el extenso comentario de Caputo, ayudan a entender mejor la deconstrucción, especialmente en el contexto de la fe.

CONCLUSIÓN

Como pastor en América Latina, encuentro que la teología deconstructiva tiene más influencia que la teología posliberal en la iglesia local. Ambas son críticas de la modernidad, pero sus enfoques y conclusiones difieren. Los posliberales valoran la iglesia como comunidad de creyentes, mientras que los deconstruccionistas son más cautelosos con ella. La teología deconstructiva puede ser flexible en su compromiso con la ortodoxia, como muestra Caputo, quien es transparente sobre sus raíces católicas romanas, pero descarta algunas creencias ortodoxas católicas.

---

35. Caputo, Deconstruction in a Nutshell, 5-27.

Estos factores han llevado a los círculos evangélicos a desacreditar la deconstrucción. Sin embargo, creo que puede ser útil en el discipulado de los creyentes si se aborda correctamente. La teología deconstructiva ya está impactando la iglesia en América Latina, y muchos creyentes reciben respuestas defensivas o despectivas de sus pastores. En vez de evadirla o atacarla, la teología deconstructiva debe abordarse desde una perspectiva pastoral cristiana.

Para resaltar la relevancia de este tema en el contexto latinoamericano, he ampliado la discusión de las seis frases de Derrida a tres subsecciones: la perspectiva desde el contexto religioso costarricense, que puede servir como modelo; una breve conversación sobre estos dichos en relación con la experiencia de Pedro en la casa de Cornelio; y una aproximación desde para la iglesia latinoamericana. Cada una de estas subsecciones abordará la deconstrucción en el contexto actual de comunidades cristianas en América Latina.

LA DECONSTRUCCIÓN SUCEDE

"La deconstrucción es algo que sucede".[1]

J. Derrida

Desde la perspectiva de Derrida, nacemos en un mundo de «différance», donde estamos inmersos en múltiples matrices de significado que existían antes de nuestra llegada. La deconstrucción sospecha de la idea de un ego autónomo que decide deconstruir, ya que no es algo

---

1.   Caputo, Deconstruction in a Nutshell, 9.

que hacemos, sino algo que nos sucede. La deconstrucción no es un método que imponemos, sino un llamado al que respondemos.

Es en la respuesta a ese llamado donde los humanos tenemos algún nivel de agencia con respecto a la deconstrucción. Participamos en procesos deconstructivos al promoverlos con una postura abierta o al resistirlos, aunque esta última opción no suele ser la mejor, ya que el evento implacable probablemente ocurrirá nos guste o no.[2] Para Caputo, este proceso proviene de Dios, una versión poco ortodoxa de Dios, pero aun así Dios. Dios viene sin ser invitado a desafiar nuestras ideas equivocadas: "Dios, lo que está pasando en nombre de Dios, no es una proyección sino un proyectil dirigido directamente hacia nosotros, un misil que trastorna nuestros deseos narcisistas, una visitación que viene sin invitación".[3] No podemos decidir si queremos lidiar con las fuerzas deconstructivas, sino cómo decidimos enfrentarlas.

> **NO PODEMOS DECIDIR SI QUEREMOS LIDIAR CON LAS FUERZAS DECONSTRUCTIVAS, SINO CÓMO DECIDIMOS ENFRENTARLAS**

---

2. Ver Caputo, The Folly of God, 26.

3. Caputo, Hoping Against Hope, 125.

FUERZAS INESPERADAS E IMPLACABLES

La deconstrucción no es una proposición filosófica sin consecuencias en el mundo real. Eventos con el poder de transformar o deconstruir nuestra visión del mundo y nuestra fe pueden ocurrir inesperadamente. Esto es evidente en la historia del encuentro entre los pueblos latinoamericanos precolombinos y los colonizadores europeos.

Cristóbal Colón llegó a América en 1492, buscando un camino directo desde Europa occidental a Asia. Era la época de los "Reyes Católicos", cuando España estaba entrando en su mayor poder y construyendo su imagen como defensora del catolicismo.[4] Los tiempos de relativa tolerancia entre cristianos, judíos y musulmanes en esa zona habían terminado. Las largas cruzadas moldearon la identidad del imperio, creando una atmósfera intolerante y violenta. El deseo de la élite por una ortodoxia política y religiosa resultó en la creación de la infame Inquisición, señalando un cambio importante en la historia teológica. Antes, el tratamiento patrístico a las ideas heréticas se centraba en la amenaza que la herejía representaba para la fe cristiana; la Inquisición, en cambio, se preocupaba más por la protección de personas e instituciones, denunciando movimientos como heréticos por razones políticas más que teológicas.[5]

---

4. Hastings, *World History of Christianity*, 328.
5. McGrath, *Heresy*, 208.

La llegada accidental de los españoles a América fue vista como un acto divino que confirmaba el papel especial de España en la historia y el apoyo de Dios a los Reyes Católicos. En 1493, el Papa Alejandro VI otorgó a los reyes de España y Portugal la "total responsabilidad de la evangelización de todas las nuevas tierras que sus súbditos estaban descubriendo".[6] Esto permitió a las autoridades religiosas y políticas justificar la invasión como evangelización. Esta campaña fue liderada principalmente por conquistadores, hombres motivados por el amor al oro y a hacerse un nombre.

Diez años después de la primera incursión española en América, los españoles encontraron Costa Rica. En 1502, Colón llegó a la costa atlántica, hoy conocida como Limón. Según el obispo Thiel, en el momento de la conquista había 27000 indígenas en Costa Rica, distribuidos en cinco tribus diferentes. Muchos costarricenses creían en Sibú, el Ser Supremo que creó al hombre y la naturaleza plantando semillas, y adoraban elementos naturales como el Sol y la Luna. El historiador Ricardo Fernández señala que, aunque pueblos originarios como los Chorotegas fueron sumisos a los españoles, esto no impidió que los conquistadores los trataran cruelmente, casi aniquilándolos por completo.[7] El trato brutal hacia los aborígenes fue similar en toda América Latina, lo que llevó al colapso de la población indígena y a "importación de esclavos negros de África para reemplazar a los nativos que estaban aniquilando".[8]

---

6. Hastings, World History of Christianity, 329.
7. Fernández Guardia, Historia de Costa Rica, 9.
8. Hastings, World History of Christianity, 332.

La violenta conquista vino acompañada de la primera experiencia del evangelio para los latinoamericanos. En 1522, el líder católico Diego de Agüero afirmó haber convertido y bautizado a seis mil chorotegas en Costa Rica, a pesar de que ninguno entendía el idioma del otro.[9] Desde entonces, Costa Rica se definió religiosamente como católica, y hoy en día sigue siendo uno de los pocos estados oficialmente confesionales del mundo.

Desde la perspectiva indígena costarricense, el encuentro con los españoles fue un evento inesperado que transformó completamente su cosmovisión y realidad cotidiana. Este encuentro desencadenó una mayor complejidad en la experiencia costarricense en todos los aspectos de la vida. En cuanto a la religión, la espiritualidad aborigen fue suplantada por la fe católica, que con el tiempo también tuvo que enfrentarse a otras expresiones de fe.

Alrededor de 1840, el primer servicio protestante en Costa Rica fue celebrado por ciudadanos norteamericanos, británicos y alemanes en un ambiente de intolerancia religiosa. La construcción del ferrocarril por afrocaribeños abrió la puerta a las primeras misiones protestantes, iniciadas por la Sociedad Misionera Bautista de Jamaica en 1887. Otros esfuerzos misioneros protestantes siguieron: metodistas wesleyanos en 1894, anglicanos en 1896, adventistas del séptimo día en 1903 y el Ejército de Salvación en 1907. Los misioneros pentecostales llegaron unos diez años después del avivamiento de la calle Azusa, en 1918.[10]

---

9. Holland, Religión en Costa Rica, 1.

10. Ibid., 2.

Ningún protestante murió en Costa Rica por intolerancia religiosa, a diferencia de otros países centroamericanos. Sin embargo, los no católicos fueron víctimas de violencia regularmente, sufriendo humillaciones públicas y ataques con piedras a ellos, sus casas e iglesias. Muchos también enfrentaron discriminación y negligencia médica, lo que llevó a la apertura del hospital evangélico, la Clínica Bíblica, en 1929 para asegurar atención médica adecuada a los no católicos.[11]

Entre 1946 y 1982, el movimiento evangélico en Costa Rica creció rápidamente. Diversos ministerios evangélicos con impacto nacional florecieron, como estaciones radiales, escuelas, campamentos, instituciones misioneras, escuelas pastorales y campañas evangelísticas. En 1978, las doce denominaciones protestantes más importantes del país contaban con 513 iglesias locales y 32038 congregantes.[12]

Toda la agitación que resultó en la situación actual de Latinoamérica surgió de un encuentro accidental entre dos pueblos que ni siquiera se buscaban. La avaricia y la perversión humana distorsionaron lo que podría haber sido una experiencia mutuamente beneficiosa. La afirmación simple de Derrida, de que hay cosas que simplemente suceden, nos señala la experiencia humana de lo inesperado. Este relato histórico muestra que los humanos estamos expuestos a fuerzas que pueden reconfigurar nuestra comprensión del mundo, impactar nuestras creencias y cambiar la trayectoria de nuestras vidas.

Esta es la historia agridulce del evangelio en Latinoamérica. Los sistemas de creencias de naciones enteras cambiaron por un encuentro

---

11. Holland, Historia de la Iglesia Evangélica, 17-18.

12. Ibid., 19, 21.

inesperado. Una vez ocurrido el encuentro, no pudo deshacerse. No tendría sentido culpar a los espectadores casuales en la playa atlántica costarricense hace cientos de años. Una vez que vieron a los extraños en un barco, no había forma de des-verlos. Siempre existe la posibilidad de que suceda algo con el potencial de traer grandes regalos o gran dolor, muchas veces ambos. Tal es la naturaleza de las experiencias deconstructivas: suceden. La pregunta es cómo deberíamos abordarlas.

PEDRO EN CASA DE CORNELIO: LA DECONSTRUCCIÓN SUCEDE

Érase una vez un apóstol a quien algo simplemente le sucedió que cambió su vida de fe y la historia. En Hechos 10 se narra el encuentro entre Pedro y Cornelio, un líder exitoso, disciplinado, devoto y hombre de familia. Sin embargo, para Pedro, Cornelio no era más que otro gentil. Pedro estaba a punto de vivir una experiencia que desmontaría sus ideas sobre los gentiles y su comprensión de Dios. Este suceso le provocaría una crisis personal y lo llevaría a reevaluar su fe, aunque inicialmente lo criticaría con escepticismo. Podría decirse que Pedro vería su fe deconstruida.

La experiencia espiritual que tuvieron Pedro y Cornelio nos enseña mucho. Ambos buscaron a Dios con fidelidad. Cornelio tuvo una visión[13] reveladora con instrucciones, y Pedro experimentó un trance extático[14] que desafiaría sus creencias. Esto vino por iniciativa divina; ellos no podían provocarlo, solo posicionarse para ser expuestos a lo que el Espíritu de Dios preparaba. Para ellos, fue algo que simplemente sucedió. Dios estaba a punto de hacer algo nuevo, y el apóstol fiel, discípulo de Cristo y lleno del Espíritu, estaba a punto de ser transformado aún más.

La Biblia muestra que circunstancias inesperadas pueden transformar profundamente a los seres humanos. Es más fácil ver la mano de Dios cuando un autor bíblico lo señala explícitamente que cuando debemos discernir su acción en eventos recientes. Sin embargo, desde una perspectiva bíblica, el Espíritu se mueve activamente buscando transformar continuamente a su pueblo.

EL ESPÍRITU ACTIVO

En este mundo cambiante, debemos estar cómodos con acontecimientos inesperados, confiando en que el Espíritu Santo está actuando entre nosotros. Cristo está santificándonos a través del Espíritu. Creemos que el Espíritu está constantemente activo. El Espíritu de Dios siempre está obrando de maneras sorprendentes. Como cristianos debemos estar abiertos a que Dios actúe entre nosotros. Esta apertura nos permitirá crecer en adaptación y resiliencia. Confiar en

---

13. Griego, ὀράματι (horamati).

14. Griego, ἔκστασις (ekstasis).

que el Espíritu está activo nos dará una apertura hacia "la alteridad u otredad... a las continuas (y a veces sorprendentes) operaciones del Espíritu en la iglesia y el mundo»[15]. Cuando nos enfrentemos a eventos imprevistos, debemos adoptar una postura de escucha al mover del Espíritu Santo con un corazón juguetón y sensible. Recordando que Dios constantemente hace Dios está haciendo que las cosas sucedan.

---

15. Smith, Thinking in Tongues, 12.

LA DECONSTRUCCIÓN DESDE ADENTRO

"La deconstrucción es algo que sucede y que sucede desde adentro". [1]

—**J. Derrida.**

La deconstrucción ocurre desde adentro en dos sentidos. Primero, ya existe un elemento deconstructivo en las ideas. Por ejemplo, los binarios dominantes (como hombres o blancos) se definen por lo que no son (mujeres o negros). Watkin explica: «la deconstrucción es lo que sucede: las cosas se deconstruyen o, mejor, las cosas existen

---

1. Caputo, Deconstruction in a Nutshell, 9.

deconstructivamente".[2] Por eso, se dice que la deconstrucción ocurre en voz media; las cosas se deconstruyen.[3] Derrida afirma que la deconstrucción no es neutral; interviene porque ya está dentro.[4]

Esto lleva al segundo sentido: la deconstrucción no ocurre desde una posición externa y objetiva, sino desde la subjetividad y la inmersión completa en el mundo que intentamos entender. En el pensamiento posmoderno, la subjetividad no permite un individualismo radical. No depende del individuo decidir lo que es verdad, ya que está inmerso en complejas matrices de significado. Downing aclara: «Los humanos no son sujetos autónomos completamente en control de su percepción... La subjetividad para el posmodernista no es individualista; es corporativa, reflejando el modelo de verdad de una comunidad... Nuestra subjetividad opera en respuesta a verdades objetivas, pero nuestro conocimiento de esas verdades está siempre influido por los modelos que dan forma a nuestras posiciones subjetivas".[5]

---

2. Watkin, Jacques Derrida, 23.

3. La RAE describe la voz media como aquellos "verbos intransitivos que designan cambios de estado, así como procesos experimentados por algún sujeto que no suele ejercer control directo sobre ellos" Real Academia Española, s.v. "Nueva Gramática de la Lengua Española: Sintaxis", 41.13c. https://www.rae.es/gramática/sintaxis/las-construcciones-medias-i-los-verbos-pronominales#:~:text=41.13c%20Se%20apuntó%20en,ejercer%20control%20directo%20sobre%20ellos Otros describen la voz media como un indicador de una acción que sucede sola, ya sea por accidente, casualidad o por su propia naturaleza (ejemplo: "se aprobó el proyecto", "se envió la carta"); en palabras de Derrida, algo que sucede.

4. Ver Derrida, Positions, 93.

5. Downing, How Postmodernism Serves (My) Faith, 139-40.

MEMORIA

El pensamiento posmoderno nos recuerda la importancia de la ubicación. Siempre estamos inmersos en contextos particulares que moldean cómo experimentamos el mundo y entendemos el significado de las cosas. Somos profundamente moldeados por nuestra historia y recuerdos.

"Eres tus recuerdos",[6] dijo el premio Nobel Eric Kandel en una entrevista con Ryan Cummins. Los estudios de Kandel sobre la memoria fueron motivados por sus dolorosos recuerdos de huir de Viena, Austria, siendo niño, para escapar de la invasión nazi. Kandel descubrió que nuestras experiencias cotidianas se almacenan en la memoria a corto plazo y son rápidamente olvidadas, pero aquellas experiencias altamente sensibilizadas (como las dolorosas o gratificantes) van a la memoria a largo plazo. Estas memorias y lo que aprendemos de ellas terminan definiendo quiénes somos.

Para Fritz Kling, los recuerdos dolorosos también se pueden experimentar a nivel colectivo; según él, "el poscolonialismo es la forma más común de memoria en el mundo".[7] El colonialismo afecta el mundo simbólico de los pueblos oprimidos, forzando los símbolos del imperio al centro de la cultura como norma, mientras que los sistemas de creencias de las colonias son relegados y considerados inferiores.

---

6. Cummings, "You Are Your Memories".
7. Kling, Meeting of the Waters, 177.

Es fácil olvidar que Europa también estuvo alguna vez en el margen. Enrique Dussel aborda dos grandes cambios que distorsionaron la historia del cristianismo: primero, la conversión de una comunidad marginal de cristianos a una religión imperial; segundo, el cambio geopolítico causado por la llegada de Europa a América, que trasladó el centro del mundo de Asia al occidente europeo. Este nuevo centro rechazó las culturas americanas como inferiores.[8]

Para los primeros pueblos americanos, la violencia de la colonización y la evangelización eran indistinguibles. Según el historiador Moacir de Castro Maia, el bautismo cristiano fue instrumentalizado en algunos casos para crear nuevos esclavos. Los africanos traídos a América eran bautizados como símbolo de desarraigo completo, una de-socialización.[9] No es de extrañar que el colonialismo se llame "el lado oscuro de la modernidad".[10] Aunque el cristianismo fue utilizado como instrumento de opresión, muchos latinoamericanos han asumido la fe cristiana como parte integral de su identidad.

Debemos ser conscientes de nuestros recuerdos, dice Kling. "Las normas culturales arraigadas que persisten después de la colonización pueden incluir servilismo, complacencia, desconfianza, resentimiento y, sobre todo, dependencia… La memoria, por definición, perdura".[11] Los sentimientos de desconfianza y resentimiento hacia el Vaticano o el cristianismo evangélico de Estados Unidos son más comunes entre los no creyentes, mientras que actitudes como el servilismo y la dependencia hacia el cristianismo evangélico de Estados Unidos se

---

8. Dussel, "Epistemological Decolonization of Theology", 23.

9. Barreto, "Decoloniality and Interculturality", 77-78.

10. Tamez, "Lectura Latinoamericana y Caribeña", 170.

11. Kling, Meeting of the Waters, 177-78.

encuentran entre muchos cristianos latinoamericanos. Londoño sugiere que el cristianismo en América Latina "termina beneficiando al blanco, al europeo o al norteamericano, y sus ejércitos de misioneros".[12] Sin embargo, existen muchos ejemplos de trabajo misionero desinteresado realizado por norteamericanos y europeos en la historia latinoamericana. En mi opinión, el mayor desafío ahora es la imitación acrítica de teologías y prácticas norteamericanas por los creyentes latinoamericanos, asumiendo que las iglesias del norte saben qué es lo mejor. Aunque Costa Rica ha sido independiente desde 1821, persisten algunas actitudes coloniales. Por esta razón, muchos prefieren ver el poscolonialismo como un proceso continuo de reafirmación de la identidad de un pueblo.

Las lecturas poscoloniales de la Biblia reconocen que la idea de un autor o lector imparcial y objetivo es una construcción.[13] El poscolonialismo no espera pasivamente intercambios culturales, sino que deconstruye cualquier idea de superioridad cultural que haya distorsionado la historia. Afirmando la realidad policéntrica del cristianismo mundial, permite "reconstrucciones y reinvenciones creativas de las identidades religiosas latinoamericanas",[14] creando oportunidades para un aprendizaje mutuo más auténtico.

Así como la traducción de la Biblia ayudó a los latinoamericanos a apropiarse de una fe impuesta y a moldearla, la educación teológica puede acelerar y amplificar este empoderamiento, equilibrando el poder entre comunidades religiosas locales y voces extranjeras. Sin

---

12. Londoño, "Hermenéuticas Postcoloniales", 3-4.

13. Tamez, "Lectura Latinoamericana y Caribeña", 171.

14. Barreto, "Decoloniality and Interculturality", 83.

embargo, la educación teológica no es el fuerte de la mayoría de las iglesias en América Latina. Una concepción errónea de la educación teológica como obstáculo para la dirección del Espíritu Santo ha llevado a muchos líderes a favorecer la educación secular sobre la teológica.

En lo años setenta y ochenta varios movimientos misionales reclutaron a jóvenes para el ministerio con una urgencia escatológica por evangelizar antes del inminente regreso de Cristo. Esta necesidad urgente de evangelización aumentó el número de seguidores, pero no permitió el desarrollo de una educación teológica básica para muchos líderes. Esto explica por qué las generaciones pasadas de líderes carecían de herramientas teológicas para sostener un intercambio sólido y tuvieron que importar tendencias en lugar de producirlas.

Estas dinámicas se repiten con la deconstrucción de la fe. Los creyentes y líderes costarricenses, influenciados por movimientos deconstructivos del occidente global, terminan reflejándolos acríticamente o rechazándolos ciegamente. En mi opinión, debemos adoptar un enfoque crítico, lo cual solo es posible a través del empoderamiento de la educación.

El teólogo latinoamericano Justo González ofrece una buena imagen de cómo debería verse este abordaje crítico. González ve la expansión de la iglesia en Hechos como una serie de conversiones utilizando el paradigma de fronteras versus lo limítrofe. Las fronteras son unidireccionales e impermeables, resultando de mitologías como el Destino Manifiesto que asumen una postura conquistadora. Lo limítrofe, en cambio, permite un lugar de encuentro bidireccional; su permeabilidad lleva a la transformación y el crecimiento mutuos. Lo realmente limítrofe conduce al mestizaje,[15] un encuentro verdaderamente íntimo. Para González, la iglesia en Hechos se expande con una mentalidad colindante, aprendiendo continuamente de nuevos contextos, lo que produjo una serie de nuevas conversiones. La misión de la iglesia se expande por el mestizaje.[16] Este tipo de intercambio mutuo debe ocurrir en el futuro inmediato del cristianismo entre América Latina y las teologías occidentales, así como entre las teologías latinoamericanas y aquellas del resto del mundo, permitiendo un intercambio natural desde las conversaciones filosóficas hasta las eclesiologías vivas.

> **PARA GONZÁLEZ, LA IGLESIA EN HECHOS SE EXPANDE CON UNA MENTALIDAD COLINDANTE, APRENDIENDO CONTINUAMENTE DE NUEVOS CONTEXTOS, LO QUE PRODUJO UNA SERIE DE NUEVAS CONVERSIONES.**

Las memorias nos ayudan a comprendernos mejor a nosotros mismos, permitiendo relacionarnos mejor con los demás y encontrar nuevos caminos hacia el futuro. ¿Que memorias podes identificar en tu pais o ciudad? Por ejemplo, la iglesia costarricense debe entenderse como una iglesia en un contexto de población bien educada y

---

15. Término que inició siendo usado de forma peyorativa para describir a los hijos nacidos de relaciones entre españoles y nativos americanos.

16. González, Santa Biblia, 86-87.

conectada con el mundo, con una fuerte mentalidad democrática[17] que permite diálogos robustos. Su fe está llena de vitalidad y promesas de ser levantados como soñadores y profetas por el Espíritu. Su cristianismo conecta la identidad de la iglesia con una larga historia de discípulos y tradiciones que tienen mucho que enseñar a una iglesia en una realidad posmoderna.

PEDRO EN LA CASA DE CORNELIO: EL INTERIOR DE LO QUE SUCEDE

La única forma en que Pedro puede relacionarse de una manera nueva con los gentiles es desde su propia realidad como judío. No puede analizar objetivamente la situación, así que Dios lo encuentra inmerso en su identidad, revelándose a través de una experiencia en voz media (Hechos 10:10), precisamente como se supone que debe suceder la deconstrucción. Al mostrarle a Pedro lo inesperado, Dios estaba desnudando las matrices de significado con las que el apóstol estaba tratando; se estaba plantando una semilla que no daría fruto hasta mucho más tarde.

Dios insiste tres veces (como solía hacerlo con Pedro) mientras este se aferraba firmemente a las leyes dietéticas. William Willimon resalta la importancia de estas leyes desde la perspectiva de una minoría:

---

17. Costa Rica es reconocida como una de las democracias más sólidas de Latinoamérica. Esta profunda tradición democrática moldea la forma en la que el costarricense entiende a la autoridad y se relaciona con esta.

"[ellos son] personas para las que un poco de cerdo o una pizca de incienso o una gota de matrimonio mixto eran una cuestión de vida o muerte para la comunidad… un asunto de supervivencia e identidad para los judíos… ¿Podría ser que estas leyes estaban siendo suplantadas por alguna otra base para la supervivencia y la identidad?"[18] Esta perspectiva es significativa: las leyes y tradiciones pueden ser más importantes para las minorías porque representan una salvaguardia para una identidad en peligro de extinción. El peligro para los cristianos es cuando las comunidades de fe valoran más los métodos y costumbres que su identidad como discípulos de Cristo. Esta distinción a menudo es invisible hasta que el Espíritu nos invita a experiencias que transforman nuestros corazones. Las memorias de Pedro probablemente desencadenaron desconfianza y resentimiento hacia los gentiles; después de todo, las bestias impuras que le fueron mostradas representaban cómo los percibía. El gran milagro de esta historia es que tanto los que están en el centro como los que están en los márgenes encuentran un lugar de aprendizaje y crecimiento mutuos.

El efecto persistente de la memoria, como menciona Kling, y la paciencia de Dios con Pedro, nos enseñan a ser sensibles a las creencias y tradiciones de otros, incluso si es necesario cuestionarlas. Los cambios importantes requieren tiempo y esfuerzo sostenido. Dios nos encuentra donde estamos para llevarnos a donde él quiere que estemos. Nuestra fe en el Cristo encarnado nos recuerda que Dios no tiene problema con la subjetividad. Él camina con nosotros en nuestra experiencia humana.

---

18. Willimon, Acts, 95.

LA EXPERIENCIA ENCARNADA DEL ESPÍRITU

Downing aborda la subjetividad de la experiencia humana y las múltiples matrices de significado en las que estamos inmersos, llamándolas "torres constructivas del conocimiento".[19] Ella describe una torre rodeada por otra más grande, y así sucesivamente. No llegamos a estas torres; nacemos en ellas. La primera torre es nuestra familia, la segunda nuestro género, raza y etnia, la tercera nuestra clase social, luego nuestro barrio y país, y finalmente nuestra era histórica.[20] Los valores que guían nuestra interacción con el mundo están escritos en las paredes de estas torres, definiendo con qué lentes vemos tanto el mundo interno como el externo —por ejemplo, "comparte tus juguetes", "los hombres no lloran", "esta clase de persona no es de fiar", "Dios espera que tú...". Por mucho que intentemos alejarnos, siempre estamos rodeados de diferentes torres al mismo tiempo. Estas múltiples torres determinan cómo experimentamos a Dios y respondemos a él, pero también nos hablan de la soberanía de un Dios que nos colocó allí al nacer.

Downing explica que, aunque es probable que no escapemos por completo de la influencia de estas «torres» (estructuras de significado), podemos usar nuestra agencia, la capacidad de actuar intencionalmente, para reescribir los discursos de estas torres. Esto es crucial

---

19. Downing, How Postmodernism Serves (My) Faith, 155-78.

20. Downing explica que no mencionó una torre de religión específica porque la religión varía según cada persona; para algunos es una cuestión de clase y para otros de etnicidad. Sin embargo, reconoce la importancia de la religión en el conocimiento.

para las personas marginadas, que a menudo viven en la intersección de dos o más torres, describiendo así la experiencia poscolonial. Downing también señala que Dios nos coloca en estas torres pero puede trascenderlas, lo que significa que no está limitado por estas construcciones. Dios puede encontrarnos donde estamos y ayudarnos a cambiar lo que necesita ser reescrito. La ubicación de una persona dentro de sus torres de significado debe ser honrada como una manifestación de la soberanía de Dios, aunque estas torres deban ser cuestionadas en ocasiones. Los humanos pueden ser empoderados por Dios para reescribir mensajes injustos, pecaminosos o erróneos dentro de sus torres circundantes. Una persona que se deja moldear por el Espíritu Santo está bien equipado para abordar esta realidad de al menos tres maneras.

Primero, una persona conectada al Espíritu tiene una experiencia encarnada que respeta y desafía la localidad de una persona. Su identidad se remonta a los eventos descritos en Hechos 2, que representan una experiencia subjetiva pero profundamente comunal. Lenguas de fuego se posaron sobre los presentes, permitiéndoles hablar como el Espíritu quería. Lejos de aislarlos en experiencias místicas individualistas, el Espíritu los unió como comunidad de fe, asignando a cada uno un papel importante y permitiéndoles comunicarse en diferentes lenguas a través de la xenolalia.[21] Esto no solo unió a la comunidad de discípulos, sino que también los conectó con las experiencias de personas de otras torres de conocimiento.

---

21. Aún la glossolalia en la comunidad de fe está hecha para conectarnos profundamente con otros a través del don de la interpretación, como nos muestra 1 Corintios.

La experiencia del día de Pentecostés honra la localidad de cada individuo y, al mismo tiempo, los desafía a reescribir los muros de sus torres, llamándolos a la fe y al arrepentimiento, mientras los une a una comunidad de fe. Tillich identifica que "en la historia de Pentecostés, el Espíritu de Cristo muestra su creatividad en ambas direcciones, la individual y la universal".[22]

Nada representa más la ubicación de un ser humano que su propio cuerpo, el cual nos permite habitar el espacio y el tiempo, situándonos en medio de diferentes torres de significado. El valor de una conexión con el Espíritu Santo se manifiesta de manera muy material. La experiencia espiritual está conectada a la natural, como la oración por la sanidad divina; "la liberación, entonces, no es sólo 'espiritual'… Implícito en esta afirmación de sanidad corporal hay una afirmación aún más amplia, es decir, el sentido de que la plenitud del evangelio valora a la persona en su totalidad".[23] Es por esto por lo que la expansión del cristianismo en América Latina se ha visto acompañado del cuidado de las personas con necesidad.

En segundo lugar, una persona conectada al Espíritu empodera a los marginados. Los cristianos se apropian de la promesa de Cristo: "Sin embargo, cuando el Espíritu descienda sobre ustedes recibirán poder para ser mis testigos" (Hechos 1:8 NBV), un versículo tan famoso como Juan 3:16. Albrecht y Howard explican: "Inmediatamente antes de los avivamientos… los cristianos buscaban ansiosamente el poder de Dios: poder para una vida abundante, poder para tener victoria

---

22. Tillich, Shaking of the Foundations, 138.
23. Smith, Thinking in Tongues, 42.

sobre el pecado, poder para testificar eficazmente al mundo".[24] Incluso si no hay acceso a la atención médica, hay acceso al poder sanador de Dios; incluso si hay una amenaza física inminente, hay poder sobre toda fuerza que busque dañar, oprimir o destruir; incluso si hay sufrimiento humano, hay poder para florecer y prosperar, todo mediante el poder del Espíritu.

En tercer lugar, una persona conectada al Espíritu valora y espera respuestas emocionales. Esta es una postura posmoderna importante ya que la modernidad despreció el aspecto subjetivo de las reacciones emocionales, favoreciendo respuestas racionales supuestamente objetivas. Este mito moderno de la objetividad racional supuestamente guiaría a los humanos a una mejor interacción con el mundo, pero resultó contraproducente, desconectándonos de las realidades. Como señala Smith, "las emociones no son simplemente respuestas por reflejo o los detritos 'irracionales' de la experiencia. Las emociones son en sí mismas 'visiones' del mundo".[25] Joel B. Green afirma: "Los estudios de lesiones cerebrales han demostrado que los daños al centro de procesamiento de emociones en el cerebro impiden la racionalidad y la toma de decisiones en la vida real".[26] Podríamos decir que, para ser racional, es necesario ser emocional.

Esto es especialmente importante en contextos que suprimen la expresión de emociones como las sociedades machistas latinoamericanas, donde el exhibir ciertas emociones se vuelve incompatible con el binario masculino-femenino (más sobre binarios en la siguiente

---

24. Albrecht and Howard, "Pentecostal Spirituality", 243.

25. Smith, Thinking in Tongues, 78.

26. Green, Body, Soul, and Human Life, 121.

sección) y sólo es aceptable si el hombre está intoxicado con alcohol. La conexión con el Espíritu deconstruye este binario proporcionando un contexto en el que los hombres cantan, gritan, bailan y lloran en la presencia de Dios, algo que es celebrado por toda la comunidad.

Todos estos factores reúnen a la comunidad de fe en medio de una historia de acción continua de Dios a través de la presencia del Espíritu, proporcionando a los individuos no sólo un sentido de agencia, sino también un propósito compartido; "[ofreciendo una] localidad narrativa —situando a la comunidad de fe dentro de una historia que proporciona un nuevo contexto para comprender su experiencia".[27] Esto es salvación como una transformación encarnada.[28]

A escala global, un cristianismo latinoamericano que promueve su agencia a través de una educación teológica que empodera, que proporciona las herramientas para el análisis teológico crítico, en lugar de simple repetición de dogmas denominacionales o fórmulas apologéticas; estará posicionado de manera única para contribuir a la gran conversación teológica.

A escala local, el cristianismo latinoamericano es más que capaz de abordar experiencias deconstructivas subjetivas por la forma en que abraza y celebra la subjetividad del ser humano en toda su singularidad, plantando firmemente la experiencia humana dentro de una comunidad de significado que apunta a las realidades objetivas de Dios.

---

27. Smith, Thinking in Tongues, 69.
28. Ver, Green, Body, Soul, and Human Life, 137-39.

LA DECONSTRUCCIÓN NO ES UN MÉTODO

"La deconstrucción no es alguna herramienta que le aplicas a algo desde afuera".[1]

—J. Derrida.

Aunque puede ser tentador reducir la deconstrucción a un conjunto de pasos o metodologías, los filósofos de la deconstrucción insisten en que no es un método. Los métodos son utilizados por pensadores

---

1.   Caputo, Deconstruction in a Nutshell, 9.

modernos que aplican las mismas herramientas a cualquier objeto de estudio, creyendo que esto los hace observadores independientes y objetivos. El posmodernismo no afirma objetividad y desconfía de estos enfoques tipo receta. Watkin explica: "La deconstrucción no es un método o un conjunto de procedimientos que uno puede sacar del estante y aplicar a cualquier texto... Un método trae el mismo conjunto de herramientas a todo lo que encuentra... explota el texto para sus propios fines, en lugar de tratar de entenderlo en sus propios términos".[2] Tratar la deconstrucción como un método es peligroso. Derrida intentó ser sensible a cada texto específico, usando diferentes términos para describir lo que hacía. Watkin enumera algunos de los términos de Derrida: deconstrucción, différance, suplementaridad, diseminación, traza, farmakon, himen e iterabilidad.

Caputo ofrece quizás la definición más clara al describir la deconstrucción como un estilo de pensamiento.[3] Esto significa que la deconstrucción es más una actitud con la que nos relacionamos con un texto, intentando descubrir cómo piensan los autores. Este estilo de pensamiento busca "las tensiones, las contradicciones, la heterogeneidad dentro del propio corpus [del autor]"[4] y se interesa en descentrar para abrirse al otro. Caputo resume la actitud deconstructiva afirmando: "Cada vez que se topa con un límite, la deconstrucción presiona contra él... La deconstrucción es la búsqueda incesante de lo imposible".[5]

---

2. Watkin, Jacques Derrida, 21.

3. Caputo, Folly of God, 21.

4. Caputo, Deconstruction in a Nutshell, 9.

5. Ibid., 32

¿Cuáles son exactamente estos límites contra los que presiona la deconstrucción? Algunos de los grandes límites de la cultura occidental son impuestos por la «tiranía de los binarios», una forma en que la metafísica occidental ha estructurado el conocimiento al diferenciar y explicar conceptos. Por ejemplo: grande/pequeño, alma/cuerpo, masculino/femenino, blanco/negro, razón/fe, natural/artificial, heterosexual/homosexual, objetivo/subjetivo. Aunque Derrida reconoce que estas oposiciones pueden ser útiles, encuentra dos problemas con los binarios:[6]

JERARQUÍAS

Los conceptos no solo se diferencian, sino que se jerarquizan, lo que conduce a la explotación y opresión del término menor. Downing explica que, "en la historia de la cultura occidental, la mayoría de los términos superiores se percibían como centrales para ser plenamente humanos".[7] Por ejemplo, en el binario jerarquizado hombre/mujer, la mujer ha sufrido diversas formas de opresión porque se le ha asignado un estatus inferior. Así, el término superior siempre será preferible; es más aceptado socialmente que una niña "actúe como un niño" que un niño "actúe como una niña". La sociedad utiliza el lenguaje para perpetuar esta dinámica.La intención de Derrida no es simplemente invertir las jerarquías, la deconstrucción busca cuestionar la estructura jerárquica misma, ya que ha sido construida de alguna manera.

---

6. Ver Watkin, Jacques Derrida, 12-13.

7. Downing, How Postmodernism Serves (My) Faith, 130.

Según Derrida, estas estructuras de significado están constituidas por "fuerzas lingüísticas, históricas, sociales, políticas, de género, de corporalidad". Juntas, estas fuerzas constituyen matrices —lo que Derrida llama différance— que producen unidades de significado relativamente estables.[8] Esto significa que estas unidades también son relativamente inestables y, por lo tanto, deconstruibles. El significado que le asignamos a algo es una fotografía congelada en el tiempo, mostrando cómo las fuerzas en las matrices interactúan en un momento dado.

TRAZAS

La noción occidental de binarios se basa en un concepto de pureza ideal, como si un término pudiera existir sin el otro. En realidad, el término privilegiado se define en relación con el desfavorecido; por ejemplo, lo masculino se define como lo que no es femenino. Por lo tanto, "el término dominante superior obtiene su significado del término inferior que rechaza. De este modo, el término superior contiene "trazas" de lo que no es en sí mismo".[9] La deconstrucción de un término siempre está presente dentro de este (la deconstrucción sucede desde adentro). La deconstrucción expone lo que ya está allí, creando nuevos caminos al desestabilizar las oposiciones categóricas sin simplemente deshacerse de los binarios.[10] Trata con las tensiones y se

---

8. Caputo, Folly of God, 24.

9. Downing, How Postmodernism Serves (My) Faith, 131.

10. Watkin, Jacques Derrida, 43.

ubica en la distancia entre dos ideas opuestas. Tal distancia es como la infinita cantidad de números entre cero y uno, con un juego ilimitado de trazas; esto es **différance**.[11]

Estas trazas no están restringidas al lenguaje. La contribución de la deconstrucción como un estilo de pensamiento se aplica a todos los ámbitos del esfuerzo humano porque siempre se está ubicado "dentro de un juego de diferencias".[12] La deconstrucción encuentra un término binario dominante y busca removerlo de la cima de la jerarquía y del centro que se le ha dado; es una fuerza descentralizadora que encuentra nuevos caminos.

LOS MÉTODOS DEL FUNDAMENTALISMO

A medida que el movimiento protestante se desarrollaba en Costa Rica y las tensiones de la Guerra Fría aumentaban, los grandes ministerios de Estados Unidos invertían fuertemente en Latinoamérica. Hastings afirma que ministerios como los de Jimmy Swaggart y Pat Robertson proclamaron "un evangelio de fundamentalismo bíblico y de prosperidad, altamente anticomunista y anticatólico"[13] en lugares como Guatemala. Durante la década de los ochenta, estos ministerios también estuvieron presentes en Costa Rica. El mensaje anticomunista se alineaba estrechamente con el cristianismo tal como lo entendían los cristianos fundamentalistas de derecha en Estados

---

11. Ver Caputo, Deconstruction in a Nutshell, 105, 183-84.

12. Ibid., 104.

13. Hastings, A World History of Christianity, 365.

Unidos, mientras que el anticatolicismo avivó una historia de intolerancia religiosa en Costa Rica, llevando a los movimientos evangélicos a definirse cada vez más contra el catolicismo. Esta fue la realidad, con sus matices, en casi todos los países Centroamérica y Sudamérica durante esos años.

El fundamentalismo bíblico surge de la controversia liberal-conservadora dentro del movimiento evangélico protestante norteamericano en las primeras décadas del siglo XX, cuando un grupo significativo de líderes religiosos estaba profundamente preocupado por el efecto de la modernidad sobre la fe cristiana. Los fundamentalistas enunciaron el mínimo irreductible de creencias que una persona debe tener para ser considerado cristiano: "Inspiración verbal y absoluta inerrancia de la Escritura, el nacimiento virginal, la expiación por la sangre, la resurrección corporal de Cristo, el poder milagroso de Cristo y el abierto rechazo del método histórico-crítico en la exégesis bíblica".[14] El fundamentalismo puso poco énfasis en la praxis cristiana mientras se centraba en la "adherencia cognitiva a la formulación de una 'fe correcta'",[15] produciendo una mentalidad sectaria.

Witherup aborda el fundamentalismo desde la perspectiva de la interpretación bíblica católica; lo define como "un movimiento protestante que se opone a la modernidad y está comprometido con la preservación de la verdad 'literal' de la Biblia".[16] Según su análisis, existieron posiciones en la Iglesia Católica que eran esencialmente fundamentalistas antes del siglo XX (por ejemplo, el Providentissimus

---

14. Yoder, "Fundamentalism and the Church", 45.

15. Ibid., 46.

16. Witherup, "Interpretation of the Bible," 202.

Deus del Papa León XIII, que puede verse como una defensa de la inerrancia verbal). El fundamentalismo persiste en algunos círculos católicos debido a su atractivo como una forma de preservar los valores bíblicos básicos, incluso cuando "es el único abordaje a la interpretación bíblica que se señala oficialmente como incompatible con el acercamiento católico".[17] La Pontificia Comisión Bíblica de 1993 afirma:

El acercamiento fundamentalista es peligroso, porque seduce a las personas que buscan respuestas bíblicas a sus problemas vitales. Puede engañarlas, ofreciéndoles interpretaciones piadosas pero ilusorias, en lugar de decirles que la Biblia no contiene necesariamente una respuesta inmediata a cada uno de sus problemas. El fundamentalismo invita tácitamente a una forma de suicidio del pensamiento. Ofrece una certeza falsa, porque confunde inconscientemente las limitaciones humanas del mensaje bíblico con su sustancia divina.[18]

Gorman clasifica el protestantismo en tres grandes grupos: fundamentalistas, evangélicos e históricas. Para facilitar el análisis resumí sus ideas en la siguiente tabla.

---

17. Ibid., 203.

18. Pontifical Biblical Commission, "Interpretation of the Bible", §I.F.

Tabla 1: Ramas del Protestantismo, por Gorman.[19]

Rama	Interpretación Bíblica	Agendas teológicas, sociales y políticas	Cooperación con otros movimientos
Histórica	Aceptación general de la crítica bíblica	De moderado a liberal	Diálogo ecuménico y cooperación con iglesias ideológicamente similares, así como con el catolicismo romano y la iglesia ortodoxa
Evangélica	Aceptación gradual y precavida de la crítica bíblica	De moderado a conservador	Cooperación interdenominacional con tradiciones ideológicamente similares. Recientemente con católicos romanos tradicionales y ortodoxos.
Fundamentalista	Rechazo generalizado del criticismo bíblico y adherencia a la teoría de la inerrancia bíblica	Muy conservadores en reacción a la modernidad y el liberalismo percibido de las otras iglesias (muchas veces consideradas iglesias falsas)	Separatistas. La cooperación está condicionada por la aceptación de "los fundamentos"

19. Gorman, "The Interpretation of the Bible in Protestant Churches," 178.

Clasificaciones como estas son prácticas para catalogar cosas fácilmente, pero es fácil caer en la tentación de simplificar en exceso cuestiones complejas. Por eso, Gorman aclara que existe una superposición significativa entre las diversas ramas. La mayoría de las iglesias protestantes se ubican entre lo evangélico y lo fundamentalista, hasta el punto en que es común escuchar a críticos y líderes religiosos usar ambos términos como sinónimos. La superposición de diferentes tendencias varía según el clima político y social y la influencia de ciertos ministerios en distintos momentos y lugares.

El último elemento en el análisis de Hastings es la "prosperidad", un ideal que resonó profundamente en la experiencia latinoamericana. Según Yoder, este mensaje se caracterizó por un énfasis excesivo en la bendición de Dios para quienes dan fielmente, produciendo líderes cuya medida de éxito se asemejaba a los resultados y estrategias del mercado.[20]

En 1986, las Asambleas de Dios desarrollaron un proyecto patrocinado por Jimmy Swaggart Ministries para plantar una iglesia urbana en el corazón de San José, Costa Rica, por una joven pareja pastoral costarricense. Este esfuerzo dio origen a la Iglesia Centro Evangelístico en Zapote, la iglesia donde crecí siendo hijo de los pastores y donde mi esposa y yo ahora servimos como pastores generales. La iglesia creció constantemente y se convirtió en una de las primeras megaiglesias de Costa Rica.

Un artículo del periódico Semanario de la Universidad de Costa Rica presentó un estudio comparando datos del 2019 y 2021. En ese corto

---

20. Yoder, "Fundamentalism and the Church", 48.

tiempo ocurrieron cambios interesantes en el panorama religioso costarricense. Según el artículo, los "no creyentes" aumentaron del 19,9% al 27%. También hubo una ligera reducción en la cantidad de evangélicos, del 21,6% al 19,8%, aunque esta diferencia está dentro del margen de error del estudio. Mientras tanto, el catolicismo alcanzó un mínimo histórico del 47,5%.[21]

En mi opinión, estos cambios durante la pandemia no fueron causados por la pandemia, sino que esta fue un factor catalítico de tendencias ya presentes. En 2015, la Dra. Laura Fuentes Belgrave escribió un artículo para una revista costarricense de teología y estudios socio-rreligiosos, identificando una tendencia: el aumento de católicos costarricenses no practicantes.[22] Fuentes Belgrave anticipó un cambio generacional en el que los cristianos evangélicos y los no creyentes desplazarían el dominio católico. De hecho, las principales causas para que los costarricenses se conviertan en evangélicos son la conversión o el linaje familiar, en ese orden. El creciente papel de la herencia familiar en el crecimiento evangélico muestra que la fe evangélica está emergiendo como un integrador de la comunidad nacional comparable al catolicismo.[23] Más del 60% del movimiento evangélico costarricense está compuesto por cristianos pentecostales.[24]

El catolicismo ha tenido más éxito que los evangélicos entre la población con educación universitaria. La mayoría de los católicos, practicantes o no, tienen educación universitaria, mientras que la mayoría de los evangélicos practicantes no ha terminado la escuela secundaria,

---

21. Murillo, "Encuesta CIEP-UCR Evidencia".

22. Fuentes Belgrave, "Cambios en las Creencias Religiosas", 54.

23. Ibid., 56-59.

24. Holland, Análisis de la Obra Evangélica, 11.

y los evangélicos más educados tienden a ser no practicantes. Costa Rica tiene una tasa de alfabetización del 97,9% entre la población general y del 99,4% entre los jóvenes; en ambos casos, la tasa de alfabetización femenina es 0,1% mayor.[25] Esto hace que la población general de Costa Rica sea bastante educada. Tanto entre católicos como evangélicos, los menos practicantes son los cristianos más jóvenes.[26]

¿Qué hay en el lado opuesto al cristianismo conservador? Según Marcus Borg, el cristianismo progresista está en el lado opuesto (él ubica a la mayoría de los cristianos no practicantes en algún punto entre ambos extremos). La mayoría de los progresistas están en iglesias tradicionales o viven su vida religiosa independientemente de la iglesia. Los progresistas son conocidos por lo que no creen (inerrancia bíblica, interpretación literal, que la muerte de Jesús pagó por el pecado de la humanidad, y que el cristianismo es el camino exclusivo de la salvación) más que por lo que afirman. Borg aclara las afirmaciones de la fe cristiana progresista: [27]

- La Biblia es Sagrada Escritura que debe ser interpretada histórica y metafóricamente.

- La salvación se trata principalmente de transformación en esta vida.

- El predicamento humano consiste en que estamos ciegos, enfermos y muertos, viviendo en la servidumbre de Egipto y en la desconexión del exilio.

25. "Costa Rica" (estudio de la UNESCO).

26. Fuentes Belgrave, "Cambios en las Creencias Religiosas", 55.

27. Borg, Convictions, 14-16.

- Cristo no es el pago por el pecado humano; Jesús, como centro del cristianismo, revela el carácter y la pasión de Dios.

- Creer, en el cristianismo moderno, es una afirmación de declaraciones, mientras que la fe en el cristianismo temprano se trataba del poder transformador del amor.

- El cristianismo es un camino de transformación, aunque no es el único camino.

Aunque muchos cristianos conservadores podrían afirmar la mayoría de estos enunciados, en la práctica, tanto conservadores como progresistas llegan a conclusiones muy diferentes sobre cuestiones como la sexualidad y la afirmación cultural de la fe cristiana.

Las iglesias basadas en binarios como evangélico/católico, capitalismo/socialismo, masculino/femenino (en oportunidades ministeriales), pro-vida/pro-elección, conservador/progresista crearán lugares de exclusión, no solo para aquellos en los extremos opuestos del binario, sino también para muchos que se encuentran en algún punto intermedio. En muchas ocasiones los creyentes que no están de acuerdo con el cristianismo conservador tienen opciones limitadas: quedar excluidos de la vida congregacional, guardar silencio en sus congregaciones evangélicas o plantar nuevas congregaciones ellos mismos. Pero si la iglesia aprende a deconstruir de una forma saludable, podría encontrar maneras de albergar una pluralidad de voces de manera constructiva. En lugar de cerrarse en actitudes defensivas o "diluir creencias", la iglesia puede desarrollar nuevas maneras de abordar su contexto actual.

PEDRO EN LA CASA DE CORNELIO: LA METODOLOGÍA DE LA LEY

La inquietante visión que Pedro experimentó instintivamente despertó su dependencia en los métodos conocidos: "La ley dice que no, por lo tanto, no puedo». Este es un hombre que vio a Jesús aplicar la ley en beneficio de los hijos e hijas de Abraham; sin embargo, su mente no podía comprender que Dios pudiera levantar hijos de Abraham aun de las piedras (Lucas 3:8). Para Pedro, no era posible que la gracia de Cristo se extendiera a los gentiles de la misma manera que a los judíos, ni que el Espíritu Santo llenara a los gentiles igual que a los judíos. Esta creencia y actitud hacia sus metodologías conocidas es lo que la visión estaba revelando.

Willimon comenta sobre la experiencia de Pedro: «La fe… es a menudo nuestro jadeante intento de mantenernos al ritmo de la actividad redentora de Dios, para seguir preguntándonos '¿Qué está haciendo Dios?'… El viento ha vuelto a soplar de donde quiere (Juan 3:8) y ahora la iglesia debe dar cuenta de sus movimientos".[28] El Espíritu siempre está moviéndose y la iglesia siempre debería responder consecuentemente. Los métodos son guías útiles, pero también proporcionan perspectivas limitantes. En última instancia, la iglesia debe decidir si será fiel a un método o al movimiento del Espíritu; cada uno tiene su lugar, pero no comparten la misma autoridad.

---

28. Willimon, Acts, 99.

EPISTEMOLOGÍAS NARRATIVO-AFECTIVAS, MÁS ALLÁ DE LOS MÉTODOS

La descripción de Caputo de la deconstrucción como un estilo de pensamiento también describe una persona conectada al Espíritu: siempre expectante, siempre atento a lo que el Espíritu Santo está haciendo. Albrecht y Howard identifican dos sensibilidades relevantes en esta conversación: (1) orientación a la experiencia y (2) atención al Espíritu Santo, que lleva a "una capacidad afectiva para percibir los matices del Espíritu".[29]

Una persona conectada al Espíritu gravita hacia los géneros narrativos de los Evangelios y Hechos.[30] Smith explica: "El conocimiento narrativo se encuentra en la conexión entre las narrativas y las emociones… una 'lógica' que no es deductiva sino afectiva… es emotiva… Las emociones son ya por sí mismas 'interpretaciones' del mundo".[31]

Así como Pedro fue lleno del Espíritu en Hechos 2 y aún así su dependencia excesiva en los métodos de la ley entorpeció su participación en la misión de Dios, tal ha sido la experiencia de la iglesia cristiana en muchos lugares de América Latina, incluida Costa Rica. Una iglesia indudablemente llena del Espíritu de Dios ha confiado demasiado en los métodos del fundamentalismo y ahora se ve

---

29. Albrecht and Howard, "Pentecostal Spirituality", 241.

30. Wariboko and Yong, Paul Tillich and Pentecostal Theology, 7.

31. Smith, "Thinking in Tongues", 65.

obstaculizada en su misión. La iglesia que supuestamente hace espacio para la guía del Espíritu ha confundido la voz de Dios con la voz del fundamentalismo nacido de la modernidad.

Mark C. Taylor argumenta que el pensamiento posmoderno muestra que lo que considerábamos objetivo es en realidad subjetivo. Se invierte la relación tradicional entre Creador y criatura, donde Dios es visto como una creación humana.[32] Este cambio no solo se atribuye a la ciencia, sino también al fundamentalismo, que controla la divinidad a través de dualidades excluyentes. Taylor describe la historia de la religión occidental como un vaivén entre opuestos como Dios y el mundo, lo trascendente y lo inmanente.[33]

A VECES EL ESPÍRITU NOS LLEVA A SITUACIONES COMPLEJAS DONDE LAS METODOLOGÍAS TRADICIONALES FALLAN, DESAFIÁNDONOS A SUPERAR NUESTROS MIEDOS Y ABRAZAR UNA FE DINÁMICA.

El peligro de este balanceo extremo puede llevar a algunos a abandonar la fe por completo, moviéndose del fundamentalismo cristiano al fundamentalismo ateo. Este fenómeno, aunque moderno en términos de ateísmo, tiene raíces antiguas según el Nuevo Testamento. Zahnd lo llama una «demolición» más que una

---

32. Taylor, *Erring*, 4.

33. Ibid., 8.

«deconstrucción», impulsada por el miedo y la necesidad de certeza, que a menudo resulta en una vida marcada por el estrés y la ansiedad, en su experiencia esto sucede muchas veces porque la gente sigue siendo fundamentalista en el fondo, lo que significa que simplemente pasan del fundamentalismo cristiano al fundamentalismo ateo.[34]. Enns habla del «pecado de la certeza», donde nuestras imágenes mentales de Dios pueden convertirse en ídolos que dominan nuestra fe, alimentadas más por el miedo que por la confianza en el crecimiento espiritual.[35]

La deconstrucción, por otro lado, implica manejar tensiones en lugar de resolverlas. A veces el Espíritu nos lleva a situaciones complejas donde las metodologías tradicionales fallan, desafiándonos a superar nuestros miedos y abrazar una fe dinámica.

---

34. Zahnd, When Everything's On Fire, 26-27.
35. Enns, The Sin of Certainty, 18-19, 204-5.

LA DECONSTRUCCIÓN ES UN LLAMADO

"La justicia es lo que nos da el impulso, el empuje, o el movimiento para mejorar la ley, es decir, para deconstruir la ley".[1]

—J. Derrida.

---

1. Caputo, Deconstruction in a Nutshell, 16.

Derrida usa el tema de la justicia para explicar un rasgo importante de la deconstrucción: está impulsada por y siempre en busca de un incondicional. En «Fuerza de Ley», persigue el ideal de justicia; en «Canallas», el ideal de la democracia; en «De Hospitalidad», el ideal de la hospitalidad, y así sucesivamente. Desde su perspectiva, los humanos crean expresiones condicionadas de ideales incondicionales, por lo que la experiencia humana es una búsqueda continua e interminable de lo que no está condicionado.

Tal vez una idea más precisa de la deconstrucción sería verla como una espiral ascendente, siempre extendiéndose más allá, trabajando constantemente para acortar la distancia entre lo condicional y lo incondicional. De la misma manera en que siempre estamos persiguiendo la verdadera justicia, democracia u hospitalidad sin alcanzar su plena expresión, entendiendo que "una construcción jamás será una expresión adecuada de lo in-de-construible y por lo tanto toda construcción está bajo el juicio constante de lo in-de-construible".[2] La deconstrucción, entonces, no busca la anarquía, sino la responsabilidad ante lo in-de-construible, siempre siguiendo el llamado de lo incondicional, que es la única lealtad verdadera de la deconstrucción.

Según Heidegger, cualquier llamado plantea tres preguntas, que Caputo responde desde la perspectiva de la deconstrucción:[3]

---

2. Esto es lo que Caputo llama el "Principio Judío" de Derrida (semper deconstruenda, como se describió en este párrafo) inspirado en el "Principio Protestante" de Tillich (semper reformanda: aquello que es finito y condicionado jamás será una expresión adecuada de aquello que es infinito e incondicional); Caputo, Folly of God, 31.

3. Caputo, Folly of God, 87-88.

- ¿Quién o qué está siendo llamado? Nosotros somos los que estamos siendo llamados.

- ¿Quién o qué se está llamando para qué? El llamado es para cumplir las promesas de las tradiciones e instituciones que hemos heredado, aquellas que asumieron la tarea imposible de construir una representación de lo in-de-construible.

- ¿Quién o qué está llamando? Dios, quien es el evento Incondicional.[4] Sin embargo, en la teología de Caputo, Dios no es el Ser Supremo de la metafísica porque, según él, tal idea es solo un producto más de différance, que conduce a un peligroso teísmo militante. Para él, "Dios" es un evento que nos llama incluso cuando no existe.[5] Esta concepción es clave para diferenciar su "teología débil" deconstructiva de la teología apofática tradicional. Aunque ambos pueden parecer similares, la diferencia crucial es que lo apofático o místico pretende ser una doxología de "lo más alto de lo alto y lo más profundo de lo profundo".[6] Pero Caputo afirma enfáticamente que Dios, el Incondicional, "no existe; sino insiste... [incluso cuando] no es un ser supremo o siquiera el fundamento de los seres, o el híper-ser de la tradición apofática".[7] Esta idea permite a Caputo decir que los cuerpos confesionales "no saben a quién están orando... su respuesta confesional al llamado es solo

---

4. Para Caputo, los eventos son "lo que sucede". Los humanos asignan nombres imperfectos en su intento por describir estos eventos incontenibles, razón por la cual un mismo evento puede recibir muchos nombres; sin embargo, un nombre jamás puede controlar aquello que está tratando de explicar. Ver Stofanik, "Introduction to the Thinking", 20.

5. Caputo, Hoping Against Hope, 107, 118, 122.

6. Caputo, Folly of God, 69-70.

7. Ibid., 34.

una de las muchas respuestas posibles a un llamado de procedencia ambigua". [8]

Para Derrida, el llamado atormenta al presente con fantasmas del pasado (les revenants) y del futuro (les arrivants). Por eso, Caputo describe la deconstrucción como una espectro-teología[9] (**hauntotheology**) que salva al viejo Ebenezer Scrooge a través de los fantasmas del pasado y del presente. El Incondicional llama, y nosotros decidimos cómo responder.

No quiero defender la teología de Caputo, pero encuentro útil su perspectiva sobre qué es la deconstrucción y cómo funciona. Creo que es posible aprender de él y de Derrida sin adoptar necesariamente su teología; de hecho, deconstruir no implica necesariamente compartir sus conclusiones teológicas. Una persona que experimenta un proceso deconstructivo puede terminar más lejos o más cerca de la ortodoxia. Más adelante abordaré los factores que pueden marcar la diferencia.

---

8. Ibid., 50.

9. Caputo, Deconstruction in a Nutshell, xxvii; ver también Caputo, Folly of God, 30.

ESPIRITUALIDADES VIVIDAS, LA RESPUESTA A UN LLAMADO

Muchos creyentes responden a un llamado de Dios lo mejor que pueden dadas sus circunstancias actuales. Al observar las prácticas de los creyentes cristianos, descubrimos que son indiferentes a ciertas creencias y omiten algunos principios doctrinales. Sin embargo, hay una tendencia hacia el bricolaje: una reelaboración personal de creencias religiosas.[10] Aunque este fenómeno podría no ser ideal, demuestra una profunda hambre espiritual entre muchas personas. La religión del bricolaje no es nueva: "La gente siempre ha mezclado la religión institucional con formas de piedad popular"; lo sagrado y lo profano siempre han existido como una forma de autoexpresión espiritual.[11]

Por ejemplo, descubrimientos en antiguos sitios arqueológicos israelitas han encontrado amuletos del dios enano egipcio Bes e incluso moldes para su fabricación, lo que indica que estos amuletos no solo fueron importados, sino también producidos localmente en Israel. El atractivo de Bes probablemente se debió a que se creía que era el guardián de los recién nacidos. Incluso si las mujeres israelitas no adoraban a Bes, podían encontrar valor en los amuletos porque los símbolos visuales pueden migrar entre culturas manteniendo su poder simbólico, pero no necesariamente su significado teológico.[12]

---

10. Fuentes Belgrave, "Cambios en las Creencias Religiosas", 53.

11. Campbell, "Relationship Between Religion", 79.

12. Meyers, Rediscovering Eve, 155.

Estos hallazgos armonizan con el texto bíblico que advierte a los israelitas sobre los peligros de la idolatría, señalando una realidad familiar para muchos pastores: la vida religiosa personal de los creyentes no siempre es ortodoxa. Una espiritualidad del bricolaje no está tan interesada en la coherencia teológica como en la "coherencia espiritual",[13] que se refiere a la expresión de la vida religiosa según el individuo que se apropia de un conjunto diverso de creencias y prácticas.

Para Campbell y otros, el internet ha desempeñado un papel fundamental en el desarrollo de una fe heterogénea, especialmente al visibilizar prácticas mixtas de diferentes fuentes que solían estar al margen de la religión organizada.[14] Un creyente expuesto a esta triple revolución no se verá a sí mismo como puramente pentecostal, luterano u otro, sino probablemente como alguien que asiste a una iglesia denominacional y al mismo tiempo incorpora prácticas católicas, yoga, nutrición y una variedad de decisiones éticas como parte de su espiritualidad vivida. A este individuo interconectado probablemente no le importe si su denominación aprueba estas prácticas y creencias o no.

La investigación de Fuentes Belgrave en el contexto costarricense muestra que una menor práctica religiosa lleva a una mayor reelaboración de creencias y a una mayor posibilidad de desarrollar una "conciencia autónoma".[15] Esto conduce a una moralidad laica que refleja disparidades entre lo que predican los líderes religiosos y lo que

13. McKnight, "Spirituality in a Postmodern Age", 211.

14. Campbell, "Relationship Between Religion", 79.

15. Fuentes Belgrave, "Cambios en las Creencias Religiosas", 58.

creen y practican los creyentes.[16] Esta moralidad laica parece ser selectiva; por ejemplo, el 55% de los costarricenses piensa que el aborto debería ser una decisión personal de cada mujer, mientras que un porcentaje igual rechaza la adopción por parte de parejas del mismo sexo.[17] Esto puede indicar que nuestra sociedad está en un momento de transición cultural.

Fuentes Belgrave no define claramente "conciencia autónoma", pero probablemente se refiere a una conciencia independiente de una organización religiosa determinada. Si al decir «autónoma» se refiere a una conciencia individualista autosuficiente, estaría idealizando ingenuamente la autonomía del individuo al estilo de la era moderna. Rainie y Wellman adoptan una postura posmoderna al analizar al individuo interconectado: "[Las personas] piensan que toman decisiones de forma independiente de otros. Podemos pensar que somos agentes libres, pero hay otros cuya presencia en nuestras redes y entornos más amplios da forma a las decisiones que tomamos".[18] Esto significa que la ubicación de los creyentes individuales es crucial en la elaboración de sus creencias. Esta localidad no solo abarca el tiempo y el espacio, sino también las diferentes redes que la persona habita. El rol de la triple revolución en el desarrollo de la fe es especialmente relevante en Costa Rica, país que ocupa el segundo lugar en uso de internet en toda América Latina y donde ocho de cada diez personas tienen acceso a internet[19] —incluso si dicho acceso no es ideal, como lo expuso la pandemia de 2020.

---

16. Ibid., 65.
17. Murillo, "Encuesta CIEP-UCR Evidencia".
18. Rainie and Wellman, Networked, 38.
19. "Estas Serán las Grandes Tendencias".

La teoría de un "individuo interconectado" con membresía parcial pero influenciado por múltiples redes parece ser cierta en Costa Rica. Tanto católicos como evangélicos practicantes dicen ser altamente influenciados por líderes religiosos, lo cual no es una sorpresa; pero incluso muchos evangélicos no practicantes admiten seguir siendo influenciados por líderes religiosos.[20] Otro dato interesante es que, aunque muchas prácticas religiosas están disminuyendo en Costa Rica, la oración sigue siendo la práctica privilegiada por la mayoría. Esto puede deberse a que la oración se realiza en un ambiente privado donde el creyente decide cuándo, dónde y cómo sucede.[21] Los costarricenses no necesariamente están perdiendo la fe, pero sí están cambiando sus hábitos religiosos. La evidencia sugiere que los pastores deben encontrar maneras de ministrar a aquellos que, aunque están al margen de las instituciones de fe, siguen abiertos a escuchar una voz pastoral. De lo contrario, podríamos desperdiciar oportunidades ministeriales reales al esperar las ideales.

Está claro que los costarricenses están respondiendo a un llamado que reconfigura sus prácticas y creencias religiosas, pero no toda voz que llama es la de Dios. La revelación posmoderna de que estamos inmersos en múltiples matrices de significado también implica que estamos expuestos a muchas voces tratando de captar nuestra atención. Cultivar el discernimiento será un desafío clave para la iglesia en este contexto. Dios definitivamente está llamando, pero muchas otras voces también lo están haciendo.

---

20. Fuentes Belgrave, "Cambios en las Creencias Religiosas", 65.

21. Fuentes Belgrave, "Cambios en las Creencias Religiosas", 61.

PEDRO EN CASA DE CORNELIO: EL LLAMADO

Pedro descubrió que cuando el Incondicional llama, hay incertidumbre. La voz del Espíritu le indica que siga a tres extraños a un contexto desconocido. Una vez que llega, Cornelio confirma todos los prejuicios de Pedro: el gentil ignorante comienza a adorar al apóstol (Hechos 10:25). Después de superar ese momento incómodo, Pedro descubre que la voz del Incondicional llama a quien quiera y de la manera que quiera. Esta experiencia guiada por el Espíritu revela lo que significa llamar a Jesús "Señor de todo". Según Willimon, esta es una "declaración teológica extraída de la experiencia y fe de los apóstoles, no algo que se pueda probar de la Torá o de los profetas".[22] Pedro experimentó un shock instantáneo porque, en la mente de Lucas, había una relación entre la experiencia de Pedro y la Escritura hebrea. Willimon aclara que no debemos perseguir tendencias culturales en busca de nueva revelación, sino que "seguimos penetrando el significado del testimonio bíblico de que Jesús es el Señor y ser fieles al estímulo divino".[23]

Siempre se experimenta desorientación cuando llama una nueva voz o cuando una voz conocida nos llama de una manera nueva. Para permitir el movimiento, es necesario cierta sacudida de los fundamentos (lo que no implica necesariamente un abandono de estos). Al seguir esta voz, las creencias de Pedro fueron deconstruidas por el

---

22. Willimon, Acts, 97-98.

23. Ibid., 99.

Espíritu, llevándolo a una comprensión más profunda y rica de la ortodoxia, a través de un encuentro experiencial con Dios que, desde una perspectiva cristiana, sí armonizaba con las Escrituras de maneras no previstas.

DISCERNIMIENTO EN UN MUNDO DE MÚLTIPLES VOCES

Como se mencionó antes, una de las sensibilidades cristianas distintivas es la atención especial al Espíritu Santo, "una capacidad afectiva para notar los matices del Espíritu"; [24] esta se vuelve relevante de nuevo en este punto junto con otra de estas sensibilidades. Estas nos muestran la relevancia del don de discernimiento de espíritus (1 Corintios 12:10), que en esta conversación podríamos llamar también: don de discernimiento de voces.Cultivar un corazón capaz de discernir es un desafío para el individuo interconectado, cuya sobreexposición a la información podría llevarlo a creer que ha encontrado la sabiduría; cuyo cerebro sobreestimulado podría encontrar difícil meditar en silencio, soledad y oración; y cuya enfermiza necesidad de inmediatez podría impedirle invertir el tiempo que exige el discernimiento.

El discernimiento no es una revelación individualista, sino un ejercicio comunitario. Primera de Corintios lo enmarca dentro del contexto del cuerpo. De hecho, cuando un profeta habla, la iglesia no es llamada a ser un receptor pasivo, sino un participante activo que juzga la voz que habla (1 Corintios 14:29). Los llamados exigen

---

24. Albrecht and Howard, "Pentecostal Spirituality", 241.

discernimiento porque Dios no es el único que llama. La espiritualidad ignaciana, que es altamente carismática, enseña que los espíritus
buenos y malos operan de
maneras opuestas: los buenos
espíritus trabajan con luz y
apertura, produciendo amor,
alegría y paz; los espíritus
malignos trabajan envueltos
en secreto y engaño, produciendo confusión, duda y
disgusto.[25]

ENSEÑAR CÓMO DESARROLLAR UN CORAZÓN QUE DISCIERNE PRODUCE DISCÍPULOS MADUROS QUE SON CAPACES DE SEGUIR EL LLAMADO A LA MISIÓN DE DIOS DE MANERAS NUEVAS Y ATREVIDAS...

Enseñar cómo desarrollar un
corazón que discierne produce discípulos maduros que
son capaces de seguir el llamado a la misión de Dios de
maneras nuevas y atrevidas.
Kinnaman y Matlock hablan
sobre la importancia de cultivar el discernimiento cultural, definido
como "la capacidad de comparar creencias, valores, costumbres y
creaciones del mundo en el que vivimos (Babilonia digital) con aquellos del mundo al que pertenecemos (el reino de Dios)".[26] La enseñanza
del discernimiento cultural demanda la participación en "comunidades robustas de aprendizaje"[27] donde el pensamiento crítico se enseña
y alienta, incluso si eso significa desafiar voces supuestamente

---

25. Tetlow, "Discernment in a Nutshell".

26. Kinnaman y Matlock, Faith for Exiles, 74.

27. Ibid., 93.

proféticas. La iglesia debería ser una comunidad en la cual las experiencias deconstructivas sean nutridas y alentadas por una comunidad madura en el don del discernimiento, una comunidad robusta de discernimiento. Al final, el discernimiento cristiano no se trata simplemente de toma de decisiones; se trata de fidelidad a Dios en medio de un mundo multi-vocal.

LA DECONSTRUCCIÓN ES UN SÍ AL OTRO

"La deconstrucción, está ligada al 'sí', es una afirmación".[1]

—J. Derrida.

Jacques Derrida era un forastero, un "europeo sin ser realmente europeo, francés sin ser francés, judío sin ser judío, argelino sin ser

---

1.   Caputo, *Deconstruction in a Nutshell*, 27.

argelino".[2] Watkin advierte que no se debe reducir a Derrida a su biografía, reconociendo el malestar del propio Derrida ante esta idea; sin embargo, es relevante mencionar algunos aspectos de su vida que muestran que Derrida era «el otro» que experimentó el "no" en muchas ocasiones desde una edad temprana.

Derrida nació en El Biar, Argelia, cuando era oficialmente parte de Francia. En la escuela, los mejores estudiantes tenían el honor de izar la bandera francesa, pero siendo un judío bajo un régimen simpatizante nazi, a Derrida no sólo se le negó ese honor, sino que fue expulsado.[3] Más tarde se describiría a sí mismo como un "pequeño negro y muy judío árabe"[4] y un "sobre-culturizado, sobre-colonizado híbrido europeo".[5] Después de experimentar los fracasos éticos de la modernidad, consideró importante decir "sí al otro".

La deconstrucción sospecha de expresiones como "nosotros" o "nuestro", que sugieren que un grupo comparte una experiencia histórica particular.[6] Palabras como "comunidad" implican una armonía y consenso que no necesariamente existen entre los miembros de un grupo y pueden llevar a posturas defensivas hacia los forasteros. La deconstrucción, en cambio, es porosa, abierta al otro y nunca a la defensiva; florece en las diferencias. Para Derrida, el problema no es el relativismo; las cosas no son relativas sino inconmensurables, lo que significa que "todo otro es totalmente otro"[7] y comparar es imposible y violento.

2. Ibid., 114.
3. Watkin, Jacques Derrida, 1-2.
4. Derrida and Benningdon, Circumfession, 51.
5. Derrida, Other Heading, 7.
6. Ver Derrida, Points of Suspension, 366.
7. Watkin, Jacques Derrida, 29-35.

Aunque nunca podemos evitar por completo esta violencia, la deconstrucción busca constantemente lo imposible.

Una manera de decir no al otro es a través de la protección que ofrecen las tradiciones, permitiendo que "la primera lectura [se] convierta en la última palabra".[8] La deconstrucción defiende la tensión entre lecturas dominantes y transgresoras de las grandes tradiciones, mientras que el conservadurismo busca resolver esta tensión volviendo siempre a la lectura clásica. El desafío de toda comunidad es retener su identidad mientras permanece abierta a los extraños. En lugar de hablar

EL DESAFÍO DE TODA COMUNIDAD ES RETENER SU IDENTIDAD MIENTRAS PERMANECE ABIERTA A LOS EXTRAÑOS

de comunidad, la deconstrucción prefiere hablar de hospitalidad: la bienvenida del extraño. Este tipo de hospitalidad resiste la tentación de ser limitada o de acoger solo al igual mientras sigue siendo hostil al extraño.[9] Se trata de una hospitalidad imposible que "no se reduce a saber nada, sino a hacer algo,"[10] al igual que la deconstrucción misma.

---

8. Caputo, Deconstruction in a Nutshell, 79, 81.

9. Ver Caputo, Deconstruction in a Nutshell, 108-10 y Caputo, Folly of God, 63.

10. Caputo, Deconstruction in a Nutshell, 112.

LA GLOBALIZACIÓN Y EL PLURALISMO, CUANDO EL "SÍ AL OTRO" NO ES RECÍPROCO

La globalización es un concepto amplio y complejo, pero los teóricos sociales coinciden en que se refiere a cambios fundamentales en el espacio y el tiempo de la existencia social. Esto implica que la importancia del espacio o territorio cambia con una aceleración en la estructura temporal de actividades humanas.[11] Los componentes básicos de la globalización son:

- **Des-territorialización:** Actividades sociales suceden independientemente de la ubicación física de los participantes.

- **Interconexión a través de fronteras:** Fuerzas distantes impactan eventos locales y regionales.

- **Aceleración:** Formas cruciales de actividad social se aceleran.

- **Proceso a largo plazo:** Con grados de impacto variables y no universales.

- **Proceso multifacético:** Sus efectos se ven en la cultura, economía, política y otros aspectos de la vida.

---

11. Scheuerman, "Globalization", párrafo 2.

La globalización influye fuertemente en el Sur Global. "Se ha convertido en la narrativa más poderosa para dar forma a las economías del mundo, las identidades nacionales y las relaciones sociales entre los pueblos".[12] Roxburgh la llama una teología secular porque ofrece una visión alternativa de la salvación y el escatón, dando al mercado el poder de unir y renovar el mundo. Exige vidas sometidas a sus mercados "en todo el mundo, a todas horas", dificultando que los individuos prioricen la familia o la iglesia. Esto desafía la espiritualidad que busca la dirección del Espíritu Santo, ya que el trabajo constante no deja espacio ni energía para la contemplación.

El alto nivel de alfabetización de Costa Rica colocó al país en una posición ideal para participar en la globalización, atrayendo a empresas como Microsoft, Intel y Amazon, que encuentran mano de obra calificada y beneficios gubernamentales que no están disponibles para empresas locales. Estas compañías también pueden ofrecer beneficios a sus empleados que las empresas locales no pueden proporcionar.

La globalización ofrece oportunidades para que la iglesia global ejerza su influencia en todo el mundo. Los creyentes pueden comunicarse y viajar a diferentes lugares mientras viven su fe en sus círculos profesionales. Aunque esto trae desafíos, también es posible. Los ministerios y misioneros tienen acceso más fácil a la comunicación y viajes, facilitando la cooperación entre ministerios locales de todo el mundo.

Sin embargo, la globalización también puede ser otra forma de imperialismo.[13] Participar en la "salvación global" a menudo requiere

---

12. Roxburgh, Missional Map-Making, 90.

13. Jenkins, Next Christendom, 16.

aprender inglés y adaptarse a diferentes formas de inculturación. Las generaciones mayores perciben grandes diferencias culturales al participar en un mundo globalizado, mientras que las nuevas generaciones adoptan esta realidad como parte de su identidad, lo que les da agilidad intercultural pero puede dificultar su conexión con las raíces. A largo plazo, se está creando una nueva cultura definida por la cultura dominante.

La globalización y el pluralismo están relacionados pero en constante tensión. Mientras que la globalización promueve una visión occidental universal, el pluralismo visualiza "un mundo en el que ninguna potencia ejerce la hegemonía y ninguna creencia o ideología domina".[14] Las culturas monolíticas están expuestas a nuevas costumbres y creencias, haciendo del pluralismo una experiencia tanto enriquecedora como desorientadora. La cultura pluralista invita a las personas al bricolaje de su fe, entendiendo las doctrinas como puntos de vista y experimentando con fragmentos de otras tradiciones y religiones para encontrar lo que mejor se adapte a su estilo de vida.

La migración también presenta desafíos respecto al pluralismo. Costa Rica es el único país de Centroamérica con una migración neta positiva, lo que significa que más personas entran al país de las que salen.[15] La mayoría de los inmigrantes son nicaragüenses en busca de empleo y mejores oportunidades, otros huyen de la crisis de Venezuela; además, hay muchos inmigrantes que vienen por turismo, educación y negocios (aunque algunos con malas intenciones, ya que hay un problema grave de trata de personas en el país). Esto expone a los

---

14. Roxburgh, Missional Map-Making, 94.

15. "Migración Neta—Costa Rica".

costarricenses a una amplia gama de ideas y estilos de vida de lugares como América Latina, Asia, Europa y América del Norte.

Las iglesias occidentales tienen expectativas sobre las iglesias del Sur Global, especialmente los ministerios en Estados Unidos, con los que las iglesias tienen relaciones históricas.[16] Tanto liberales como conservadores proyectan sus expectativas sobre los ministerios latinoamericanos: los liberales debido a la atracción de la región hacia el socialismo, y los conservadores por la historia de conservadurismo en la zona. ¿Habrá espacio para que los ministerios latinoamericanos definan su identidad a nivel global? ¿Cuánto espacio tendrán los cristianos latinos para influir en el cristianismo global? ¿Será su única opción conseguir suficiente masa crítica para no ser ignorados? Las reglas para conseguir un asiento en la mesa global no son uniformes ni universales.

La apertura posmoderna hacia la religión puede ser muy selectiva, aún influenciada por la razón moderna y una concepción materialista de la realidad. Hay un cierto miedo a no ser aceptados por el proyecto moderno. Las ideas de Caputo sobre un Dios metafísico, basadas en el pensamiento de Tillich, muestran esto: "Dios insiste, pero Dios no existe";[17] "la locura del reino de Dios no necesita de Dios. De hecho, el Ser Supremo lo arruinaría todo";[18] "todo lo que decimos sobre Dios es simbólico"[19] y "lo mitológico se asienta cuando vemos literalmente

---

16. Forma cariñosa de referirse a los costarricenses, se dice que viene de la tendencia que se ha tenido en la región para referirse a muchísimas cosas usando diminutivos. Por ejemplo, chiquitico, cositico, llenitico.

17. Caputo, The Folly of God, 76-77.

18. Ibid., 112.

19. Ibid., 15.

lo simbólico, cuando olvidamos que el símbolo es un símbolo".[20] Caputo propone la idea de un Dios no personal, tratando de trascender el debate teísta-ateísta, como se ve en el siguiente párrafo desafortunado que da contexto a su inquietud.

"La religión, con su implacable sobrenaturalismo y mitologización... se está ocupando de que la creencia florezca más entre los más desposeídos y desesperados, los más pobres y los menos educados del globo, mientras se encuentra cada vez más irrelevante para todos los demás... Una vez que un individuo o una cultura alcanza un cierto nivel de claridad intelectual y estabilidad económica, incluso después de siglos de servidumbre doctrinal, sus creencias religiosas se convierten, bueno, increíbles e incurren en una incredulidad en masa... [Esto] está empezando a suceder entre la creciente clase media en América del Sur."[21]

Caputo parece asumir que la disminución de creyentes practicantes en lugares con una clase media fuerte, como Costa Rica, implica una preferencia por el ateísmo o que estas poblaciones encuentran problemática la idea de un ser superior metafísico. Pero en mi experiencia, esto no es cierto. La mayoría de las personas que se alejan de las comunidades religiosas todavía creen en conceptos tradicionales de Dios.

Esta urgencia posmoderna de ser aceptados por los ideales modernos se ve en otros autores como Philip Gulley, quien imagina "un cristianismo evolucionado [que] no insistirá en que creamos lo absurdo" o que "afirmemos lo increíble".[22] La relación entre ciencia y religión

---

20. Ibid., 17.
21. Ibid., 76.
22. Gulley, Evolution of Faith, 8-9.

sigue siendo una conversación abierta. Comparto el deseo de Gulley de una iglesia amiga de la ciencia; nuestra iglesia local promovió el uso de mascarillas y vacunas durante la pandemia de COVID, siendo un centro de vacunación para nuestra ciudad. Sin embargo, junto con muchos cristianos latinoamericanos, no creo que una explicación materialista del universo sea suficiente. Muchos creyentes de todo el mundo eligen afirmar con orgullo, junto con Pablo, que seguir a Cristo es una locura según los estándares humanos. Quizás Gulley estaría de acuerdo en que una gracia que no es absurda y una fe que no es increíble probablemente no valgan la pena.

PEDRO EN LA CASA DE CORNELIO: UN "SÍ" A LOS OTROS CREYENTES

El Espíritu trabaja en el corazón de Pedro para moverlo de un rotundo "no" a un sincero y cálido «sí» hacia otros creyentes. El plan de Dios asombra al apóstol, mostrando que la divinidad ha estado trabajando en la inclusión del mundo entero en la promesa de Abraham.

La relación entre Pedro y Cornelio presenta muchos desafíos. Cornelio representaba las fuerzas imperiales que subyugaron a Israel y aun así era devoto. Pedro representaba el reino de Dios que reconcilia al mundo con él y aun así rehusaba sentarse con los gentiles. Este encuentro deconstruye el binario privilegiado/marginalizado, ya que ambos hombres estaban simultáneamente en el centro y en el margen. Cornelio estaba en el centro del poder político, pero al margen de la religión. Pedro estaba en el centro de la comunidad cristiana, pero al margen de la fuerza política. Dios une a ambos hombres para un encuentro mutuo. Cornelio abrió su casa sinceramente, mientras que Pedro resistía la invitación. En cierto modo, cada hombre necesita algo del otro, pero como el Espíritu interrumpe a Pedro, podríamos decir que la historia trata más de lo que Pedro aprendió que de lo que Cornelio recibió. No fue la visión sobrenatural la que transformó a Pedro, sino una experiencia compartida con aquellos en los márgenes de la religión.

Esto muestra lo que Justo González quiere decir sobre la expansión de la iglesia en Hechos a través de lo limítrofe, creando puntos de encuentro mutuo que llevaron a experiencias de mestizaje. Willimon señala la naturaleza dual de la historia de Pedro y Cornelio: Ambos tienen una visión y pronuncian discursos porque "tanto Cornelio como Pedro necesitan ser cambiados para que la misión de Dios siga adelante".[23] El llamado está enmarcado por un propósito que abre "radiantes nuevas posibilidades para la comunidad".[24] Dios dice "sí al otro" y la iglesia sigue este ejemplo.

---

23. Willimon, Acts, 96.

24. Ibid., 97.

ENCONTRANDO A DIOS EN EL OTRO

El Espíritu Santo crea activamente espacios dentro de lo divino para que se dé encuentro humano mutuo. Esto es celebrado por la iglesia cristiana en al menos de dos maneras.

Primero, la espiritualidad cristiana valora lo participativo.[25] El Espíritu otorga dones a cada miembro del cuerpo de la iglesia, de modo que cada persona tenga algo que alguien más necesita. Esto significa que un individuo siempre necesitará algo que otra persona tiene. La iglesia se reúne para ministrar unos a otros, dando libremente lo que cada creyente ha recibido. Esto crea una relación dinámica entre lo corporativo y lo personal: el Espíritu habla a las personas en espacios privados para que compartan con la comunidad y la ministren. La comunidad espera y celebra estas experiencias personales.

Esta conciencia de la naturaleza policéntrica de la iglesia se refleja en cómo el movimiento interpreta los roles descritos en Efesios 4:11 como una realidad continua. Las iglesias locales cultivan activamente el desarrollo de personas con la convicción de que Cristo sigue proveyendo para su iglesia a través del Espíritu. Aunque aún hay espacio para crecer en este aspecto en América Latina, un liderazgo saludable busca ser policéntrico, interactuando constantemente entre una variedad de creyentes ungidos que han sido llamados a ministrar a la iglesia de Cristo.

---

25. Albrecht and Howard, "Pentecostal Spirituality", 243.

Un segundo aspecto que posiciona a la espiritualidad para decir "sí al otro" proviene de su "orientación escatológica a la misión y la justicia", expresada en términos de empoderamiento y una opción preferencial por los marginados.[26] Esto sucede con un sentido de urgencia porque nos identificamos con la interpretación que la iglesia primitiva dio a las palabras del profeta Joel: el Espíritu es derramado por Dios "en los últimos días" (Hechos 2:17 NVI). Esta escatología genera un compromiso con la misión y con ministerios de empoderamiento y justicia social,[27] porque la iglesia entiende que el Espíritu se mueve entre aquellos que "no son", como sucedía en Corinto.

Una reflexión final es que la deconstrucción no solo debe caracterizarse por un "sí al otro", sino también por un "sí al Otro", a aquel que está llamando. Creemos que Dios no solo insiste, sino que también existe y desea una relación cercana con sus hijos mientras los reúne en un encuentro mutuo. El que llama merece una respuesta; decirle "sí" a él siempre nos llevará a un "sí al otro".

---

26. Smith, Thinking in Tongues, 12.

27. Ibid., 45.

LA DECONSTRUCCIÓN NO ES DESTRUCCIÓN

"La deconstrucción… nunca, nunca se ha opuesto a las instituciones como tal… Creo que la vida de una institución implica que seamos capaces de criticar, de transformar, con tal de abrir la institución a su propio futuro… Si una institución va a ser una institución, de alguna manera debe romper con el pasado, conservar la memoria del pasado, mientras inaugura algo absolutamente nuevo".[1]

—J. Derrida.

---

1. Caputo, Deconstruction in a Nutshell, 5-6.

Hans-Georg Gadamer fue un filósofo continental como Derrida, quien en 1960 publicó «Verdad y Método», donde articula su comprensión de la hermenéutica filosófica. Como Derrida, veía su trabajo más como una teoría que como un método. Para él, la tradición es algo que nos sucede; estamos inmersos en ella y pertenecemos a la historia. Nos entendemos a nosotros mismos y a nuestro mundo a través de contextos que nos proporcionan prejuicios.[2] Según Gadamer, la tradición nos da un lugar desde donde interpretar, aunque también limita nuestra visión. Reconoce que estamos formados por una pluralidad de tradiciones; en mi caso, la tradición costarricense, la pentecostal y la cristiana, cada una con múltiples corrientes de tradiciones (similar a Derrida). Así, un número infinito de interpretaciones es posible, pero no todas serán válidas o esclarecedoras.[3]

Gadamer nos muestra que las tradiciones son identidades, parte esencial del ser humano. Aunque estas tradiciones necesiten ser cuestionadas, merecen respeto. Gadamer señala: «El descubrimiento de que las tradiciones parentales son finitas y falibles no significa que siempre estén equivocadas ni que nosotros mismos seamos infinitos e infalibles".[4] Tratar las tradiciones con respeto desde una perspectiva posmoderna implica reconocer que, aunque su autoridad no es absoluta, pueden contener verdad.[5]

La destrucción de la religión es el "abordaje crítico moderno a la religión"; en cambio, el enfoque posmoderno es uno de "repetición",[6]

---

2. Gadamer, Truth and Method, 277-78.

3. Westphal, Whose Community? Which Interpretation?, 71.

4. Ibid., 75.

5. Ibid., 75.

6. Caputo, Hoping Against Hope, 19.

pero más fiel al Incondicional (Dios) que a la tradición. Las instituciones defienden la tradición, asumiendo la forma de religiones confesionales. Aunque estas sean respuestas condicionadas al Incondicional, como lo ve la deconstrucción, "eso no significa que las teologías
confesionales deban tomarse a la ligera o simplemente dejarse de
lado".[7] La deconstrucción no está en contra de la tradición sino del
conservadurismo; busca mantener viva la tradición al reconocer la
multiplicidad dentro de su historia y al asumir la responsabilidad de
las tradiciones que mantenemos.[8] La deconstrucción se trata de mantener tensiones entre el reconocimiento del pasado (fidelidad) y la
afirmación del futuro (esperanza), abarcando tanto memoria como
innovación.

Tanto Derrida como Caputo
invirtieron gran parte de sus
vidas en instituciones educativas y nunca fueron acusa-
dos de destruirlas (al menos
literalmente). Su praxis
muestra que los deconstruccionistas valoran las instituciones y pueden ser parte ac-

LA DECONSTRUCCIÓN
AFIRMA LAS
INSTITUCIONES,
NO SE OPONE A ELLAS

tiva en su construcción. El libro «La Deconstrucción en Pocas
Palabras» existe porque Derrida y Caputo participaron en la inaugu-
ración de un programa doctoral en la Universidad de Villanova, una
institución católica romana.

---

7. Caputo, Folly of God, 49.

8. Caputo, Deconstruction in a Nutshell, 37; ver también Caputo, Folly of God, 30.

La deconstrucción afirma las instituciones, no se opone a ellas. Los deconstruccionistas están llamados a trabajar dentro de las instituciones para su beneficio, desde su fidelidad al Incondicional. Afirman continuamente la verdad dentro de las tradiciones heredadas mientras cuestionan los conceptos erróneos también heredados.

DESAFÍOS ACTUALES PARA LAS INSTITUCIONES

Las fuerzas de la globalización y el pluralismo están conectadas con el milagro de los avances tecnológicos acelerados, "la experiencia compartida de vivir en una era altamente tecnológica proporciona una base universal para una sociedad pluralista".[9] La tecnología provee el centro de gravedad que todo lo une. Esta comunidad global está compuesta por individuos que aprenden rápidamente que la astucia tecnológica se ve recompensada con flexibilidad, autonomía y autoridad. En este contexto, el pensamiento independiente no sólo es una ventaja, es lo esperado.

A medida que la sociedad incorpora nuevas tecnologías en la vida cotidiana, corremos el riesgo de poner nuestra fe y esperanza en los ídolos de la modernidad. Detweiler nos recuerda que el poder transformador de la tecnología no solo afecta nuestro entorno, sino también nuestro mundo interior: "Nuestras tecnologías definitorias

---

9. Robinson, Appletopia, 104.

tienden a definirnos a nosotros (y nuestras creencias)".[10] Por ejemplo, ver a Dios como El Gran Relojero y la creación como un mecanismo perfectamente calibrado. La tecnología está alterando no solo cómo creemos, sino también qué creemos. A medida que nuestros corazones son capturados por la tecnología, es prudente recordar que como adoramos, así vivimos y creemos.[11]

Gracias a la tecnología, las personas ya no necesitan ir a la iglesia para acceder a los recursos gestionados por ella: "El monopolio de la instrucción cristiana de la iglesia se acabó. La gente se siente libre de unirse al discurso teológico sin la mediación de la iglesia o su clero".[12] Esto permite utilizar recursos no convencionales junto con los tradicionales. Robinson nos recuerda que la tecnología ha democratizado las ideas religiosas desde la invención de la imprenta, pero la computadora ha descentralizado estas ideas como nunca antes, creando una nueva ética de la era de Internet, «arraigada en la libre expresión, ruptura de la jerarquía, empoderamiento individual y desconfianza en la autoridad centralizada".[13] La generación del selfie ha adoptado la idea de una "relación personal con Jesús", popular entre los evangélicos, y la ha interpretado como una "relación excluyente con Jesús" que desautoriza cualquier opinión de otros, especialmente de las autoridades formales.

Un mundo cambiante demanda una transformación en la forma en que se ha construido el ministerio. Más allá de adaptarse por necesidad, los líderes deben aprender nuevas formas porque aman a aquellos

---

10. Ibid., 25.

11. Lex orandi, lex credendi, lex vivendi.

12. Gulley, Evolution of Faith, 5.

13. Robinson, Appletopia, 12.

a quienes han sido llamados a ministrar. En un mundo obsesionado con la tecnología, hace una gran diferencia asumir un enfoque más igualitario en el ministerio, honrando el sacerdocio de todos los creyentes y asumiendo una postura de escucha. Las instituciones deben ser deconstruidas y reconstruidas por su propio bien. La iglesia como institución debe revisar sus metodologías.

PEDRO EN CASA DE CORNELIO: LA IGLESIA INSTITUCIONALIZADA DE LOS HECHOS

Después de una experiencia sorprendente, Pedro va a la iglesia en Jerusalén para explicar lo ocurrido, iniciando una conversación que llevaría varios años. Aunque algunos creen que el Nuevo Testamento muestra una iglesia más orgánica, vemos que desde el principio la iglesia asumió alguna estructura institucional a la que incluso el apóstol Pedro tuvo que rendir cuentas. Las instituciones no son solo escritorios o presupuestos. Andy Crouch explica que una institución es cualquier patrón de comportamiento humano profunda y persistentemente organizado; existen para proteger algo valioso y permitir que las futuras generaciones lo disfruten.[14] La experiencia deconstructiva de Pedro no lo separó de la iglesia, sino que plantó una semilla para el futuro.

---

14. Crouch, Playing God, 169.

Willimon observa que Lucas coloca varias historias de conversión para simbolizar grupos de conversos que cumplen la promesa de que el evangelio alcanzaría los confines de la tierra. Estos actos inesperados de gracia divina apuntan a nuevos comienzos.[15] El Espíritu no condena la estructura organizacional de la iglesia, sino que la revitaliza. A pesar de las discusiones acaloradas, el Espíritu sopla nueva vida a la iglesia, participando activamente: "Nos ha parecido bien, al Espíritu Santo y a nosotros" (Hechos 15:28 NBV).

Las instituciones no deben existir solo por sí mismas, sino para beneficiar a las personas para las que fueron creadas. Las tradiciones son formas de identidad comunal y personal, que contienen sabiduría antigua de la cual las generaciones pueden nutrirse y crecer, pero también deben rendir cuentas.

LA IGLESIA COMO EL LUGAR DONDE LA DECONSTRUCCIÓN SUCEDE

En «Las Pedagogías del Desaprendizaje», Caputo aborda cómo aplicar la deconstrucción en instituciones educativas. Según él, las instituciones deben ser lugares donde los estudiantes sean inquietados y provocados de maneras inimaginables. Derrida tenía una idea positiva de las instituciones como escenarios del evento. La deconstrucción mantiene a las instituciones en un desequilibrio creativo sin

---

15. Willimon, Acts, 100-04.

derrumbarlas.[16] El maestro debe ser un cuidador del evento, no su amo. Caputo afirma que la escuela debe ser un lugar donde el evento sea posible,[17] y lo mismo aplica a la iglesia.

En las escuelas, hay un programa educativo, pero no debe programar al estudiante; debe haber espacio para la exploración y el azar.[18] Esto es muy neumático. Jesús lo expresó así: "El viento sopla por donde quiere y oyes el ruido que produce, pero no sabes de dónde viene ni a dónde va. Eso mismo pasa con todos los que nacen del Espíritu" (Juan 3:8 NBV). La educación en la iglesia debe exponer a los creyentes a ideas inesperadas y enseñarles a navegar los vientos del Espíritu.

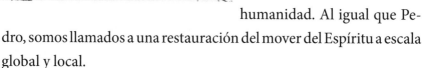

LAS INSTITUCIONES DEBEN SER LUGARES DONDE LOS ESTUDIANTES SEAN INQUIETADOS Y PROVOCADOS DE MANERAS INIMAGINABLES.

El valor de la restauración se manifiesta en una «apertura radical a Dios».[19] El cristianismo se debe ver a sí mismo como un medio de restauración del trato de Dios con la humanidad. Al igual que Pedro, somos llamados a una restauración del mover del Espíritu a escala global y local.

---

16. Caputo, "Teaching the Event", 121.

17. Ibid., 123.

18. Ibid., 126.

19. Smith, Thinking in Tongues, 12.

Las iglesias deben adoptar identidades confesionales densas y una ortodoxia generosa, como propone Smith.[20] El discipulado debe abrazar esta ortodoxia radical y permanecer abierto al mover del Espíritu, quien renueva la iglesia y confronta las construcciones humanas que obstaculizan su misión.

El pentecostés celebraba la entrega de la ley a Moisés en el Monte Sinaí, el momento más ortodoxo, ahora presentado de una nueva manera con la venida del Espíritu. La iglesia debe ser un lugar de asombro, nuevos comienzos y búsqueda constante del Incondicional.

---

20. Smith, Who's Afraid of Postmodernism, 117, 132, 143. Ver también el trabajo seminal acerca de la ortodoxia radical de Milbank, Theology and Social Theory, así como Milbank et. al., Radical Orthodoxy: A New Theology.

¿QUÉ ESTÁ SUCEDIENDO?

LA TAREA DESCRIPTIVO-EMPÍRICA

Hasta ahora hemos propuesto que prestemos atención a seis características importantes que describen la deconstrucción. Sabemos que la deconstrucción (1) sucede, (2) sucede desde adentro, (3) no es un método, (4) es un llamado, (5) es un sí al otro, y (6) es afirmativa de las instituciones. También he propuesto que puede haber una relación entre la obra del Espíritu y las experiencias deconstructivas, especialmente cuando tomamos en cuenta estas seis descripciones de Derrida. Al guiarnos a toda verdad, el Espíritu también nos guía a experiencias en que necesitamos deconstruir ciertas creencias para finalmente ayudarnos madurar nuestra fe en Cristo. Aquí nos encontramos con la preocupación pastoral: ¿Cómo pueden los pastores ayudar con fidelidad a las personas que atraviesan experiencias deconstructivas?

¿Cómo se vería una respuesta pastoral fiel y sabia en tales circunstancias?

Considerando las cuatro respuestas cristianas ante las influencias del posmodernismo planteadas por Padgett, debe ser obvio ahora que no estoy de acuerdo con simplemente ignorar (el avestruz) o satanizar (el coco) la deconstrucción. Estas respuestas no pueden considerarse como un acercamiento fiel de parte de la iglesia, no importa lo comunes que sean. Nos quedan entonces dos posibles respuestas: ver la deconstrucción como nuestra "mejor amiga" o como una compañera de diálogo crítico.[1] Puede haber un escenario en el que la deconstrucción puede convertirse en nuestra mejor amiga en la formación de la fe, si la involucramos en un diálogo crítico. Si el título mejor amiga es demasiado grande, tal vez al menos podríamos verla como una asistente.

En este punto, el papel de los pastores como teólogos prácticos es de suma importancia. Richard Osmer sugiere cuatro tareas centrales de la teología práctica. Estas nacen de formular preguntas claves en el contexto pastoral, las respuestas resultantes son una guía útil para navegar las realidades del ministerio. Las cuatro preguntas son:[2]

- ¿Qué está pasando? (Recopilación de información para identificar patrones o episodios).
- ¿Por qué está pasando? (Explicar las razones detrás de ciertos patrones).

1. Padgett, "Christianity and Postmodernity", 129.
2. Osmer, Practical Theology, 4.

- ¿Qué debería estar pasando? (Determinar buenas prácticas).
- ¿Cómo deberíamos responder? (Determinar estrategias).

Estas preguntas serán la guía en la sección final de este libro donde consideramos cómo sería una respuesta pastoral apropiada a la deconstrucción de la fe.

En los capítulos anteriores ya comencé a responder la primera pregunta pastoral: ¿Qué está pasando? Así que en este corto capítulo me gustaría señalar la utilidad de describir la deconstrucción como un proceso; hacer esto proporcionará una estructura mental que los pastores pueden utilizar para servir mejor a sus iglesias.

La experiencia de transformación de la fe, cómo se deconstruye y reconstruye, puede describirse de muchas maneras. Marcus Borg la describe en términos de recuerdos (lo que observó creciendo), conversiones (cambios importantes en su comprensión) y convicciones (afirmaciones que surgen de esos cambios). Para Borg, estos cambios se manifiestan en pensamientos y prácticas intelectuales, políticas y religiosas.[3]

El Padre Rohr ve la transformación de la fe como un movimiento entre tres etapas: orden (donde todo se explica sencillamente), desorden (cuando nuestro universo ordenado nos decepciona y asumimos una postura de desconfianza y escepticismo), y re-orden (donde se integran lo mejor de las posturas conservadoras y liberales,

---

3. Borg, Convictions, 19.

permitiendo criticar sin sobre-reaccionar).[4] Brian McLaren usa una imagen similar: la muerte del Viernes Santo (colapso del sistema de fe), el Sábado Santo (silencio y contemplación), y el Domingo de Pascua (transición de la religión organizada a organizar la religión por el bien común)[.5]

A. J. Swoboda, tras reconocer el trabajo de Fowler y Peterson sobre el desarrollo de la fe,[6] también propone tres etapas: construcción teológica (aceptación acrítica de creencias), deconstrucción teológica (donde se cuestiona la fe) y reconstrucción (un regreso al primer amor con valentía e intencionalidad).[7]

Mark Gregory Karris, terapeuta y pastor, ofrece una visión más detallada del proceso de deconstrucción de la fe, describiéndolo como una travesía con diferentes estaciones: [8]

1. **Sintiéndose en casa:** La iglesia y la fe brindan seguridad emocional con pocas dudas.

2. **Astillamiento:** Se experimenta tensión al mantener ideas contradictorias (disonancia cognitiva).

3. **Ser o no ser:** La tensión obliga a actuar. Si no se actúa, se activan mecanismos de defensa como la represión.

---

4. Rohr, Universal Christ, 245-46.

5. McLaren, Great Spiritual Migration, 13-14.

6. James Fowler propuso siete etapas de formación de la fe: fe primitiva no diferenciada, fe proyectivo-intuitiva, fe mítico-literal, fe sintética convencional, fe individualista-reflexiva, fe conjuntiva, y fe que universaliza; ver Fowler, Stages of Faith. El marco propuesto por Eugene Peterson está basado en la imagen del pentateuco: Génesis, la palabra prenatal de Dios; Éxodo, el nacimiento e infancia; Levítico, la niñez; Números, la adolescencia; y Deuteronomio, la adultez. Ver Peterson, Working the Angles, 59-61.

7. Swoboda, After Doubt, 23-28.

8. Karris, Religious Refugees, 53-74.

4. **Volver a casa diferente:** Se regresa a relaciones y lugares seguros habiendo cambiado poco, por temor a Dios, perder relaciones o a uno mismo.

5. **Desorientación:** La percepción de uno mismo, Dios y la iglesia cambia. Aunque hay sentimientos de ira y confusión, pueden llevar a un profundo crecimiento.

6. **Villa Angustia:** Predomina la ira. Puede ser intimidante, pero es válida, especialmente frente a sistemas de opresión teológica. Algunos todavía se identifican como cristianos, otros abandonan la fe, pero muchos necesitan herramientas para procesar su duelo.

Adiós y que te vaya bien: Algunos encuentran una nueva casa lejos del cristianismo, experimentando una nueva libertad y una ira que provoca respuestas compasivas.

Reconstrucción total: Estos creyentes abrazan un crecimiento profundo. Fusionan una fe fundamentalista y progresista, creen en un Dios más grande que cualquier entendimiento humano y buscan la intimidad en lugar del control. Aceptan la paradoja y el misterio, y aman a la iglesia como un organismo vivo.

El trabajo de Karris muestra que el paradigma de tres pasos comúnmente utilizado para describir la deconstrucción de la fe es una simplificación excesiva de una realidad muy compleja. Aunque todos los autores reconocen que puede llevar años, el paradigma de tres pasos sugiere que el proceso se resolverá en meses, lo cual no siempre es así. La contribución de este autor proporciona información valiosa sobre los aspectos emocionales y sociales que se experimentan durante la travesía de la fe al identificar cinco síntomas de lo que él llama síndrome de crecimiento de desorientación religiosa:[9]

- Dudar o negar creencias que alguna vez se consideraron verdaderas.
- Ansiedad acerca de la relación con Dios.
- Aumento de emociones dolorosas.
- Aislamiento y críticas por parte de miembros de la familia o comunidad de fe. Puede ser el temor a que suceda o hechos que ya se están dando.
- Angustia existencial acerca de la identidad propia y el futuro.

Al ver estos síntomas está claro que una persona puede necesitar el apoyo de un terapeuta en algunas partes de su travesía de fe, las diferentes experiencias identificadas por el autor no pueden resolverse únicamente con consejería, enseñanza u oración. Es importante que los pastores comprendan que a veces un tercero puede proporcionar un lugar seguro para procesar todo lo relacionado a esta travesía; después de todo, una persona puede estar cuestionando también el papel, la autoridad y hasta las buenas intenciones de su pastor. Los pastores sabios conectan a las personas con múltiples recursos porque entienden que ellos no pueden, ni deben, hacerlo todo.

---

9. Karris, Religious Refugees, 18-19.

CONCLUSIÓN, LA TAREA DESCRIPTIVO-EMPÍRICA

Los pastores no se involucran en la tarea empírica-descriptiva por mera curiosidad sobre lo que está pasando. El corazón pastoral anhela responder la pregunta "¿Qué está sucediendo?" Porque practica una espiritualidad presencial: "[La] orientación espiritual de atender a otros en su particularidad y alteridad... con apertura, atención y actitud de oración".[10] Estar presente de esta manera es lo que permite a los pastores ser fieles a Cristo, a su llamado y a su iglesia; el concepto de una espiritualidad presencial describe el tipo de pastor que las personas necesitan al pasar por experiencias deconstructivas.

> **EL CONCEPTO DE UNA ESPIRITUALIDAD PRESENCIAL DESCRIBE EL TIPO DE PASTOR QUE LAS PERSONAS NECESITAN AL PASAR POR EXPERIENCIAS DECONSTRUCTIVAS.**

---

10. Osmer, *Practical Theology*, 34.

¿POR QUÉ ESTÁ SUCEDIENDO ESTO?

LA TAREA INTERPRETATIVA

La tarea interpretativa busca responder a la pregunta: ¿Por qué está sucediendo esto? Hay muchas razones por las que alguien puede deconstruir su fe. Es un error intentar identificar una sola razón para juzgar si esa experiencia es válida o no. El pastor debe abordar la realidad que enfrenta, y hacerlo con una actitud de juicio no contribuye al proceso. Comprender por qué sucede algo en la vida de otro ayuda a llegar a la empatía, desde donde podemos ayudar a la persona a navegar experiencias importantes que han cambiado su vida.

DIFERENCIACIÓN

Para algunas personas, la deconstrucción es parte natural de su desarrollo y madurez. Es una manera de encontrar y afirmar su propia identidad en contraste con la de sus padres u otras personas significativas.[1] El desarrollo saludable requiere que "los individuos luchen con cuestiones de identidad, significado, creencias, objetivos y comportamiento para obtener un sentido más claro de sí mismos en relación con los demás, diferenciando dónde termina el Yo y comienza el Tú".[2]

Esta necesidad de diferenciación puede llevar a explorar diferentes iglesias, tradiciones o círculos relacionales, o incluso abandonar la fe temporalmente o para siempre. La formación espiritual recibida en etapas anteriores puede resultar insuficiente para enfrentar experiencias de vida actuales, especialmente si el discipulado se vio como una mera clase o curso. Ambos factores —la necesidad de dejar una iglesia, tradición o fe, y la formación espiritual insuficiente— recuerdan a los pastores la importancia de un discipulado de por vida. El discipulado es aprender caminando juntos. Cuando se practica de esta manera, toma la forma de una relación significativa, permitiendo que el rol de un mentor continúe incluso si las personas ya no comparten la misma fe. El discipulado es más que ser mentor, tiene una orientación misional, un llamado al arrepentimiento, a la entrega y a seguir a Cristo.

---

1. Ver Swoboda, After Doubt, 10.
2. Balswick et al., Reciprocating Self, 202.

CURIOSIDAD INTELECTUAL O TEOLÓGICA

Para otros, la deconstrucción puede comenzar como una búsqueda sincera de la verdad y la belleza de la fe,[3] dos cosas generalmente oscurecidas por la rigidez religiosa. La incapacidad o falta de voluntad de una iglesia para abordar ciertos temas puede llevar a buscar respuestas fuera de su tradición de fe. Muchas personas recurren primero a sus iglesias y pastores para resolver preguntas y dudas genuinas, pero terminan decepcionadas por actitudes despreciativas de ministros inseguros ante estas preguntas. Las personas hoy tienen fácil acceso a la rica y variada historia de interpretación cristiana. Esto no es una amenaza, y un feligrés que intenta profundizar su fe no está pecando. Es responsabilidad de los pastores aprender a navegar estas preguntas con sabiduría.

Aunque resulta tentador encajar la doctrina cristiana en el ideal moderno de certeza y previsibilidad, debemos comprender que la teología no se compone de fórmulas matemáticas; esto puede ser difícil de entender para personas discipuladas con una cosmovisión moderna. Abordar preguntas profundas y significativas es un desafío que puede asustar incluso al pastor más experimentado, pero la superficialidad teológica y el antiintelectualismo no son el camino; estos son dañinos y deben ser erradicados de la iglesia local.

---

3. Zahnd, When Everything is On Fire, 49.

CHOQUE CULTURAL

La fe cristiana no se opone ni condena todo lo que una cultura tiene para ofrecer. Miroslav Volf menciona que "la identidad cristiana en una cultura es una red compleja y flexible de pequeñas y grandes negativas, divergencias, subversiones y propuestas, rodeadas de la aceptación de muchos puntos culturales asumidos. No existe una única manera de relacionarse con una cultura determinada".[4] La fe cristiana reconoce que lo que los humanos valoran muchas veces refleja lo que adoran. Si la iglesia estuviera de acuerdo con todo lo valorado por la cultura que la rodea, dejaría de ser sal y luz. Um y Buzzard dicen: "si un ministerio en la ciudad no se ha contextualizado para desafiar las formas únicas de idolatría de una ciudad, entonces será superficial e insustancial".[5]

Al enfrentarse a decisiones morales, algunos creyentes pueden percibir que el cristianismo está fuera de contacto con los valores contemporáneos.[6] Esto puede llevarlos a buscar respuestas morales en otros lugares. Creo que esto es parte de la urgencia que llevó a Volf y Croasmun a afirmar que "el propósito de la teología es discernir, articular y recomendar visiones de una vida floreciente a la luz de la autorrevelación de Dios en Jesucristo. La respuesta al declive moral debe ser articular una visión positiva de vida que nos llame hacia

---

4. Volf, Public Faith, 93.

5. Um and Buzzard, Why Cities Matter, 113.

6. McGrath se refiere explícitamente al tema de las herejías, es importante aclarar que la deconstrucción no necesariamente lleva a eso; sin embargo, las observaciones del autor son valiosas para el tema de la deconstrucción en general. McGrath, Heresy, 180.

adelante".[7] La vocación pastoral demanda que se declaren tales visiones de una vida floreciente de manera convincente para llamar a la congregación a vivir hacia adelante, hacia la adoración y valoración de algo mejor.

AMBIENTES TÓXICOS

Scot McKnight y Laura Barringer advierten que los primeros síntomas de una cultura tóxica en la iglesia son el liderazgo narcisista y la imposición del poder a través del miedo.[8] Los líderes tóxicos prosperan en entornos de imposición, vergüenza y manipulación. Es cierto que estos líderes demonizan el ser cuestionados, pero también es importante aclarar que solo porque un líder no sepa manejar preguntas difíciles no significa que él o ella sea tóxico; esto podría deberse simplemente a la falta de herramientas intelectuales o emocionales para abordarlas. Los ambientes tóxicos son ideales para el abuso espiritual y el trauma.

Las posiciones de autoridad en organizaciones religiosas inherentemente llevan consigo poder. Diane Langberg aclara el concepto de abuso espiritual: "Cuando usamos la Palabra sagrada de Dios de una manera que daña a otros, ordenándoles hacer lo malo, manipulándoles, engañándoles o humillándoles, hemos abusado espiritualmente de ellos... no se puede abusar sexual, física o verbalmente de alguien

---

7. Volf and Croasmun, Fort he Life, 11, 53.

8. Ver el capítulo 3 de McKnight and Barringer, Church Called Tov.

sin infligir también abuso espiritual". [9] Toda forma de abuso inflige abuso espiritual. Somos seres integrales y esto lo sabemos instintivamente; una persona que ha sufrido abuso encuentra difícil separar las acciones del abusador de su fe. Una vez consciente de la toxicidad en una iglesia, es natural que comience a cuestionar o rechazar todo lo relacionado con esa comunidad, incluso las partes legítimas del cristianismo que fueron utilizadas para manipularle.

DECEPCIÓN Y DOLOR

La decepción y el dolor son fuerzas poderosas producidas por experiencias desorientadoras que pueden definir la travesía de una persona con Dios. Enns aborda esta realidad: "La vida sucede y causa estragos en nuestros pensamientos ordenados sobre Dios, el mundo y nuestro lugar en él... hasta que la 'certeza' se convierte en pasado".[10] Estos sentimientos pueden ser desencadenados por muchas razones: malentendidos inocentes dentro de la congregación, posturas políticas del liderazgo, enfermedad personal o el dolor de una pérdida.

A veces, la decepción causada por el fracaso humano o las experiencias de la vida provocan una desconexión de relaciones espiritualmente sustanciosas, llevando a las personas a cortar lazos con la iglesia, amigos o mentores. Esto puede conducir a una fe desatendida que se extingue gradualmente, ya que la vida en comunidad es

---

9. Langberg, Redeeming Power, 127.
10. Enns, Sin of Certainty, 118.

fundamental para una fe cristiana saludable. El aislamiento autoimpuesto puede adormecer el corazón inadvertidamente.

Evitar el dolor y buscar la felicidad es natural y no es malo ni pecaminoso, pero no siempre es posible. Cuando enfrentamos sufrimiento inevitable, recurrimos a nuestras creencias teológicas con la esperanza de evitar el dolor. Enns describe el sufrimiento como "el lugar donde nuestro sentido de certeza sobre los caminos de Dios se desvanece y nos obliga a considerar que lo que sabemos puede no ser tan primordial para nuestra fe como pensábamos".[11] El sufrimiento reconfigura nuestras creencias más profundas. El dolor podría parecer catastrófico para la fe, pero Gulley nos da esperanza: "El mismo dolor y sufrimiento que esperábamos evitar al volvernos religiosos a menudo se convierte en el medio por el cual nuestra plenitud, integridad y felicidad espiritual se vuelven posibles".[12] Primera de Pedro 1:6–7 nos recuerda que la fe no es frágil, aunque a veces lo sintamos así; nuestra fe se refina a través de los fuegos de la vida.

El testimonio bíblico muestra que una profunda reconfiguración de la fe fue necesaria frente a acontecimientos devastadores como el exilio babilónico o la experiencia de Job. Los pastores deberían incorporar la sabiduría de los Salmos imprecatorios, Job, Lamentaciones y otros escritos que abordan la vulnerabilidad del alma humana, evitando promover una fe cuasi-mágica que promete una vida libre de pruebas. Creer en milagros no implica negar la realidad ni hacer falsas promesas. La literatura de sabiduría en la Biblia hebrea no está destinada solo a enseñanzas teóricas, sino para el ministerio pastoral que

---

11. Ibid., 134.
12. Gulley, Evolution of Faith, 115.

se ocupa de la realidad. Gulley describe bien el tipo de corazón amoroso necesario: "Nos ayudaron con ternura cuando estábamos lisiados, para luego empoderarnos a ponernos de pie y caminar de nuevo".[13]

DISCIPULADO

Sé que esta puede ser la razón menos citada para la deconstrucción, pero creo que el proceso de discipulado correcto ayuda a una persona a navegar a través de la deconstrucción. Los mentores deben prestar atención a las diferentes causas posibles de deconstrucción y estar al lado del discípulo para ayudarle.

Imaginar un proceso de discipulado que lleve a una persona a deconstruir su fe dentro de la iglesia local, desafiando sus creencias y guiándolos a cuestionar profundamente sus suposiciones, es crucial. Conectándoles con diferentes recursos, voces y perspectivas que enriquezcan su cosmovisión y enseñándoles cómo lidiar con ellos. Clubes de lectura, diálogo interreligioso (no enfocado en evangelismo), proyectos misioneros, servicio comunitario, desarrollo de una imaginación teológica, enseñarles cómo se ve el amor al prójimo en la práctica… estos son solo algunos ejemplos de experiencias que pueden ayudar a producir discípulos mejor preparados para afrontar el contexto actual; discípulos que no solo leen la Biblia, sino que realmente entienden cómo aplicar la verdad de la palabra a sus vidas. La

---

13. Ibid., 121.

comunidad de fe debería ser un lugar de diálogo y asombro; en otras palabras, un discipulado que refleje a Cristo.

CONCLUSIÓN, LA TAREA INTERPRETATIVA

De todas las razones que llevan a la deconstrucción de la fe citadas anteriormente, la única inherentemente maligna es la relacionada con ambientes tóxicos; su malevolencia no surge de la respuesta de una persona sino del mal que este ambiente incuba. En este caso, la deconstrucción puede literalmente salvar la vida de una persona. Todas las demás razones podrían ser instrumentos utilizados por el Espíritu para llevar a una persona a la madurez y a una relación más profunda con Dios, especialmente cuando la experiencia se acompaña de un ministerio pastoral fiel.

Osmer muestra que los pastores encuentran valor en la tarea interpretativa porque

IMAGINAR UN PROCESO DE DISCIPULADO QUE LLEVE A UNA PERSONA A DECONSTRUIR SU FE DENTRO DE LA IGLESIA LOCAL, DESAFIANDO SUS CREENCIAS Y GUIÁNDOLOS A CUESTIONAR PROFUNDAMENTE SUS SUPOSICIONES, ES CRUCIAL.

entienden que juzgar con sabiduría —la sabiduría práctica necesaria en la iglesia local— nace de la combinación de la consideración (reflexionar profundamente en las experiencias de la vida y tratar empáticamente a otros) y la interpretación teórica del conocimiento desde las ciencias y las artes.[14]

La interpretación teórica ayuda a los pastores a lidiar con experiencias deconstructivas, pero no basta con actuar sabiamente. Las diferentes causas de la deconstrucción requieren un corazón pastoral reflexivo que esté consciente de las emociones relacionadas con estas experiencias y del tiempo que les toma a las personas recorrer estos procesos. Los eventos de conversión pueden ser "repentinos y dramáticos... o, más comúnmente, graduales y acumulativos"; la velocidad de estos cambios generalmente está relacionada con las causas que los produjeron. Los pastores entienden que el cuidado del rebaño es un compromiso de por vida que da resultados a lo largo de años, no días ni meses. Debemos recordar que el trabajo de Dios con los discípulos se extendió mucho antes y después de Pentecostés. Los pastores saben que muchas veces los milagros más grandes toman tiempo.

---

14. Osmer, Practical Theology, 82-84.

¿QUÉ DEBERÍA ESTAR SUCEDIENDO?

LA TAREA NORMATIVA

Para participar en la tarea normativa y definir lo que debería suceder, es útil tener una visión más amplia de la teología pastoral. La teología pastoral es práctica, con un gran interés en el cuidado pastoral: "El arte de la teología pastoral explora la lógica, naturaleza y ethos del cuidado, según se practica por y a través de comunidades de fe. La teología pastoral, que es una práctica reflexiva, se encuentra en diversas actividades de cuidado de personas y comunidades".[1] Esta rama

---

1. Lartey, Pastoral Theology, 3.

de la teología se ocupa de la relación entre lo divino y lo humano; está arraigada en la práctica y surge de contextos históricos, geográficos, sociopolíticos, económicos y culturales específicos.[2] Según Woodward y Pattison, la teología pastoral es transformacional porque busca marcar una diferencia en la comprensión de una persona y en su situación de vida. Aborda la situación humana de manera integral, reuniendo proposiciones lógicas, emociones humanas, lo simbólico e incluso lo que pueda parecer irracional, haciendo que la experiencia religiosa sea relevante en la vida de la persona. La teología pastoral se enorgullece de ser no-sistemática, ya que no asegura tener validez universal debido a su naturaleza altamente contextual.[3]

LA TEOLOGÍA PASTORAL ES TRANSFORMACIONAL PORQUE BUSCA MARCAR UNA DIFERENCIA EN LA COMPRENSIÓN DE UNA PERSONA Y EN SU SITUACIÓN DE VIDA.

El Diccionario Cambridge de Teología Cristiana explica cuatro modelos principales de teología pastoral:[4]

1. El clásico-clerical se centra en el rol del clero como ministros de la cura animarum (la cura de las almas).

2. El clínico-pastoral ve al pastor como un terapeuta capacitado y considera el cuidado pastoral como salud mental.

---

2. Ibid., 5, 12.

3. Woodward and Pattison, Blackwell Reader, 13-16.

4. Lartey, "Pastoral Theology", 372.

3. El comunitario-contextual da preferencia a una perspectiva social sobre una individual, viendo el cuidado como algo comunitario e interconectado con condiciones sociopolíticas, influenciado por teologías como la de la liberación, la feminista y las teologías negras.

4. El intercultural-posmoderno usa análisis sociocultural para brindar atención pastoral, incorporando la antropología teológica que celebra diferencias como género, raza, clase, cultura y sexualidad como oportunidades para un diálogo honesto.

Carrie Doehring considera que el paradigma clásico-clerical es insuficiente; cree que centrarse en "la autoridad de la Biblia, el compromiso personal con Jesús y la fe en declaraciones de credos fundamentales"[5] puede llevar a los pastores a priorizar las creencias correctas sobre el bienestar. También advierte que centrarse solo en la sanidad individual (probablemente refiriéndose al paradigma clínico-pastoral) resuena con "los valores euroamericanos modernos de la clase media: autonomía personal, libertad individual y fe en el progreso, junto con un uso no moralista de la religión centrado en la autorrealización y el crecimiento personal".[6] Doehring prefiere los modelos comunitario-contextual y posmoderno que establecen objetivos contextuales específicos, como el cuidado comunitario en contextos que no permiten una sanidad completa (propuesto por teólogos pastorales afroamericanos) o la supervivencia (sugerida por teólogas pastorales feministas). Willimon ve el antiguo cura animarum del paradigma clásico-clerical como una crítica de la terapia secular, cuyo objetivo

5. Doehring, Practice of Pastoral Care, xx.
6. Ibid., xix.

es la realización personal, ya que "el evangelio es una crítica de nuestras necesidades, un intento de darnos necesidades que realmente valgan la pena tener".[7] Desde esta perspectiva, ve el cuidado pastoral como una edificación comunitaria altamente contextualizada porque sucede en la comunidad de creyentes. Quizás los cuatro modelos principales de teología pastoral no son necesariamente excluyentes, ya que abordan la tarea pastoral desde diferentes perspectivas, proponiendo herramientas complementarias. Pero el enfoque que se elija moldeará de manera específica el trabajo pastoral con una persona y una comunidad.

El pastor debe tener en cuenta las fuertes influencias occidentales en los modelos clásico-clerical y clínico-pastoral. Por otro lado, sería ingenuo suponer que los contextos comunitario-contextual e intercultural-posmoderno están libres de otras influencias; ya hemos aprendido que no existe un enfoque completamente objetivo. El valor de estos dos últimos modelos es su enfoque en la locación, que ayuda a los pastores a abordar mejor las necesidades específicas en la comunidad de fe. Si otras comunidades cristianas alrededor del mundo han encontrado valor en cualquiera de estos cuatro modelos, los pastores deben estar abiertos a aprender de ellos críticamente y a contribuir con sus propios hallazgos desde su contexto local.

Doehring sugiere que los teólogos del cuidado pastoral deben distinguir entre creencias, valores y mecanismos de defensa que son vivificantes y aquellos que limitan la vida. Los objetivos del ministerio pastoral deben mostrar compasión y enfrentar teologías limitadoras basadas en el temor y la vergüenza, apoyándose en prácticas

---

7. Willimon, Pastor, 95-96.

espirituales tanto personales como comunitarias.[8] Un pastor que acompaña a un creyente en un proceso de deconstrucción ayudará a la persona a diferenciar entre sus creencias que dan vida y las que la limitan. Doehring recomienda usar los sistemas de orientación espiritual de Pargament,[9] que cumplen estos criterios:

- **Diferenciación en la Creación de Significado:** ¿Las creencias teológicas y religiosas de la persona son realmente suyas? ¿Puede articularlas completamente? ¿Estas creencias ayudan a transformar la angustia en preocupación empática y compasión, donde el amor impulsa a abrirse en lugar de retraerse?[10]

- **Integración y Flexibilidad:** Se refiere a integrar prácticas espirituales que producen amor, alegría y satisfacción. Integrar estas prácticas en la vida diaria debe proporcionar flexibilidad, ayudando a la persona a enfrentar el sufrimiento y el temor. La fragmentación y la inflexibilidad indican creencias limitantes.[11]

- **Creencias y Prácticas** Espirituales Relacionadas con la Benevolencia y la Bondad: Este criterio explora si las prácticas espirituales ayudan a experimentar la bondad de Dios en formas de respeto, confianza y compasión hacia uno mismo, los demás y Dios. Una teología vivificadora conecta a las personas con la bondad de Dios de manera práctica.[12]

---

8. Doehring, Practice of Pastoral Care, xx.

9. Ver Pargament et. al., "Spirituality: A Pathway".

10. Doehring, Practice of Pastoral Care, 91.

11. Ibid., 92.

12. Ibid., 93.

Estos sistemas de orientación son pautas saludables para el trabajo pastoral con personas en experiencias deconstructivas.

UNA TEOLOGÍA PASTORAL

El trabajo pastoral tal como lo presenta Doehring debe realizarse utilizando lo que ella llama un lente trifocal el cual toma en cuenta un **enfoque precrítico** que entiende que lo sagrado puede ser vislumbrado, alcanzado y expresado a través de textos sagrados; un **enfoque moderno** que reflexiona usando métodos racionales y empíricos como la interpretación crítica y las ciencias sociales; y un **enfoque posmoderno** que comprende bien la naturaleza provisional y contextual del conocimiento, incluso el conocimiento acerca de Dios.[13] Un pastor hábil debe aprender a moverse entre estos enfoques, encontrando maneras en que se complementen mutuamente. El equilibrio entre sensibilidad y pensamiento crítico que ofrece el lente trifocal de Doehring puede hacer una gran diferencia al pastorear a creyentes

Hay tres recomendaciones importantes para el cuidado pastoral de los creyentes. Primero, "la relación íntima entre el místico [el creyente] y Dios debe ser afirmada durante todo el proceso de atención. Para el místico, Dios es un 'refugio seguro'... los contextos occidentales tienden a ver la dependencia como algo negativo, mientras que la

---

13. Ibid., xxv.

teoría del apego la ve como complementaria a la autonomía".[14] La seguridad en Dios orienta a la persona hacia la vulnerabilidad, la honestidad y la aceptación, lo que los hace resilientes. En segundo lugar, el pastor debe trabajar con la convicción de que "el Espíritu está constantemente trabajando, sea que el cuidador o el cuidado lo perciban o no".[15] Y tercero, al comprender que "cuidar a los místicos contemporáneos implica entrar en otro tipo de mundo,"[16] el pastor debe tratar al alma mística con cuidado y generosidad.

Deberíamos ver a la iglesia local como una comunidad de sanidad, donde la sanidad está siempre disponible. Aquí, el papel del pastor es esencial en orquestar esta comunidad, conectando a las personas con diferentes recursos, presentando a las personas adecuadas y creando oportunidades de servicio y aprendizaje mutuo. Los pastores sanos no aíslan a las personas, sino que las conectan con relaciones vivificantes.

Para los creyentes, los pastores no ministran a la comunidad desde arriba, sino desde dentro de esta. El pastor es un creyente ungido entre muchos otros creyentes ungidos, llamado a servir con una autoridad específica ejercida con amor por el bien de un pueblo empoderado.

Un enfoque conectado al Espíritu hacia la teología pastoral se centraría en su autocomprensión como movimiento de renovación, abierto al movimiento del Espíritu, conectando al individuo a una comunidad mediante una epistemología emotivo-narrativa. La teología pastoral resultante ayudaría a los creyentes a ubicarse dentro de la historia de

---

14. Ibid., 110.

15. Ibid., 112.

16. Ibid., 114.

Dios y el pueblo de Dios, permitiendo que el Espíritu los guíe hacia nuevas temporadas de renovación y crecimiento. La sensibilidad de ser un movimiento y el valor de la participación pondría a pastor y creyente en una relación de iguales, donde el pastor se ve a sí mismo como alguien en una posición de autoridad que se expresa como un regalo en beneficio del creyente. La relación tendría la marca de koinonía, siguiendo el ejemplo trinitario. Aún más, el ministro sigue el patrón marcado por el paraklētos (Juan 14:16, 26; 15:26; 16:7; Hechos 9:31), entendiéndose como alguien llamado al ministerio de la paraklēsis (Hechos 13:15; 15:31; Rom 12:8; 1 Cor 14,3), acercándose para animar, confortar y consolar al pueblo de Dios, sea verbal o no verbalmente.[17] La naturaleza holística de una teología pastoral resultaría en una preocupación genuina por el bienestar del creyente, validando sus respuestas emocionales y permitiéndoles expresarlas en la presencia de Dios y de la comunidad.

CONCLUSIÓN, LA TAREA NORMATIVA

El objetivo de reunir toda esta información es ayudar a los pastores de América Latina a involucrarse efectivamente en la tarea normativa pastoral, discerniendo proféticamente buenas prácticas que fomenten teologías y procesos deconstructivos vivificadores, evitando aquellos que marchitan el alma de los creyentes. Osmer señala que "el discernimiento profético es la tarea de escuchar esta Palabra e interpretarla de manera que aborde condiciones sociales, eventos y decisiones

---

17. De acuerdo con la definición de Louw y Nida, Greek-English Lexicon.

particulares a las que se enfrenta la congregación hoy en día"[18] El discernimiento profético es particular en su tiempo y espacio, y también respecto de la persona ministrada.

Pero para que el discernimiento profético se transforme en buenas prácticas —normatividad— la simpatía no es suficiente; debe sumarse la interpretación teológica y ética.[19] La interpretación teológica se refiere al trabajo pastoral de batallar con conceptos teológicos para que situaciones particulares puedan ser interpretadas a la luz de la tradición cristiana y la verdad bíblica. La reflexión ética ocurre cuando se utilizan principios, reglas o pautas para llegar a acciones morales. Richard B. Hays propone un acercamiento a la ética cristiana que otorga autoridad al texto bíblico del Nuevo Testamento según el modo en que este habla: "[Debemos] respetar no sólo su contenido [del Nuevo Testamento] sino también su forma... La tradición cristiana da testimonio de la importancia de las declaraciones del Nuevo Testamento en los cuatro modos que hemos delineado: regla, principio, paradigma y mundo simbólico".[20] Una regla se refiere a instrucciones claras como "no se mientan unos a otros" (Col 3:9 NBV). Un principio sería nuestra actitud hacia el trabajo ya que entendemos que todo lo que hacemos es para el Señor (Col 3:23).

Cuando se trata de desarrollar buenas prácticas, Andrew Root advierte a los pastores que viven en una era secular sobre lo tentador que es "pedir un programa, una lista de tareas a realizar, un nuevo modelo o un guion concreto sobre cómo operativizar esta realidad

---

18. Osmer, Practical Theology, 135.

19. Osmer, Practical Theology, 136, 161.

20. Hays, Moral Visiono of the New Testament, 294.

en tu iglesia... Desear lo pragmático —¡Que sí funciona! — más que tener encuentros con el ser divino mismo".[21] Es muy fácil caer en esta tentación para evitar la ansiedad de no saber exactamente qué hacer, pero no saber qué hacer no es solo parte de ser pastor, es parte de vivir por fe. El misterio juega un papel importante en la tarea pastoral. Eugene Peterson cierra su libro El Pastor con una carta a un joven ministro que nos recuerda la ambigüedad omnipresente en el ministerio:

"Ser pastor es algo único en todo el espectro vocacional. No mejor, ni privilegiado, ni nada especial, sino único en la sociedad como tal... Todavía me sorprende cómo la mayor parte del tiempo simplemente no sé lo que estoy haciendo, no sé qué decir, no sé cuál será el siguiente paso... Desafortunadamente, existen muchas "vías de escape" en las que podemos ejercer y desarrollar áreas de competencias administrativas o terapéuticas o académicas o programáticas en la iglesia y al hacerlo evadir la ambigüedad del ser pastor"[22]

Debemos tener cuidado de no utilizar los recursos y el conocimiento como una forma de evitar pasar tiempo con Dios en medio del misterio, pero también debemos entender que las buenas prácticas se desarrollan a través de la exploración de modelos de buenas prácticas del pasado y el presente. Los pastores no sólo debemos pesar estos modelos sabiamente, también debemos sentir la libertad de experimentar sabiamente, probando cuidadosamente nuevos enfoques y evaluando su impacto en la congregación. Descartar modelos o programas sólo porque sean modelos o programas no es una actitud

---

21. Root, Pastor in a Secular Age, 272.
22. Peterson, Pastor, 315.

prudente, pero los pastores sí necesitamos liberarnos del ideal moderno del observador objetivo cuyas estrategias universales proporcionan respuestas sencillas a todos y cada uno de los casos. Los pastores trabajamos desde la convicción de que hemos sido llamados para un propósito dentro de nuestras congregaciones, permitamos a Dios ser Dios mientras nosotros buscamos ser fieles a este llamado.

¿CÓMO DEBERÍAMOS RESPONDER?

LA TAREA PRAGMÁTICA

Habiendo respondido, ¿Qué está sucediendo? ¿Por qué está sucediendo esto? Y ¿Qué debería estar sucediendo? —La tarea descriptiva, interpretativa y normativa— Ahora intentaré abordar la tarea pragmática: ¿Cómo deberíamos responder? Primero deberíamos volver a la antigua profecía encontrada en Isaías y la primera carta del apóstol Pablo a la iglesia en Corinto. Creo que la información provista por estas fuentes nos permitirá trazar una aproximación pastoral para las comunidades que atraviesan procesos deconstructivos.

LA PROMESA PARA LA COMUNIDAD DE ISAÍAS

Como vimos anteriormente, Caputo ubica el origen del término déconstruction en la declaración del profeta Isaías:

Por eso, voy a hacer cosas tan maravillosas que este pueblo quedará asombrado. Entonces destruiré la sabiduría de sus hombres sabios y la inteligencia de sus personas inteligentes. (Isaías 29:14 TLA)

Dios advierte a su pueblo que está a punto de derribar las estructuras de pensamiento en las que confían, porque no pueden brindar la seguridad que ellos les atribuyen. En su insensatez, se están perdiendo de «las maravillosas e impresionantes acciones de Dios».[1] Así que el Señor está a punto de destruir y renovar aquello en lo que creen. Esta destrucción divina se asemeja a la idea moderna de la deconstrucción de la fe.

Seitz señala que "los moldeadores de las tradiciones de Isaías han trabajado con la firme convicción de que la palabra de Dios dada a Israel en el pasado fue pronunciada para instruir a generaciones presentes y futuras".[2] Podemos concluir que, en algún momento, alguien construyó algo sobre la palabra de Dios que necesitaba ser destruido y hecho nuevo para que el pueblo de Dios disfrutara de las promesas divinas.

---

1. Seitz, Isaiah 1-39, 215.
2. Ibid., 18.

La eterna fidelidad del Señor lo lleva a proveer a su pueblo todo lo necesario para enfrentar el reto de la destrucción y renovación de su fe. Dios les promete el cuidado de un pastor: "Como pastor apacentará su rebaño, llevará en brazos los corderillos y suavemente guiará las ovejas con cría" (Isaías 40:11 NBV). Aunque el libro es un collage de diferentes mensajes para distintas ocasiones, fue organizado como un solo libro; como tal, "hay algo que aprender del arreglo total".[3] Esto significa que, aunque el desafío y la promesa estén en diferentes secciones, el hecho de que la tradición lo trate como un mensaje coherente nos permite encontrar una relación entre el desafío de Dios y su promesa a su pueblo.

Según John Goldingay, uno de los principales problemas que enfrentó la comunidad de Isaías fue que sus líderes hicieron alianzas con la muerte al tratar las falsas promesas como refugios seguros, hecho con sinceridad de corazón. Ellos decían ser devotos, pero sus estrategias no incluían a Dios. La sinceridad de sus errores no los libró de herir al pueblo de Dios, porque vivían como si en la práctica quisieran que la voz de YHWH fuera silenciada.[4] Por esta razón, Dios mismo provocó la destrucción de esta sabiduría humana para que la sabiduría divina pudiera manifestarse.

En la Biblia hebrea, los líderes eran llamados pastores. En este contexto, las ovejas podían perderse por alejarse o por ser abandonadas. Al hablar de la deconstrucción de la fe, se asume que las ovejas se están alejando, lo cual puede ser cierto: es común que alguien deje su fe en Cristo al pasar por una deconstrucción. Pero no debemos olvidar

---

3. Goldingay, Theology of the Book, 11-12.

4. Ibid., 54-55.

que en Isaías, las ovejas fueron abandonadas por sus líderes.[5] En las experiencias de deconstrucción, los pastores abandonan a su congregación cuando descartan sus dudas, ignoran los efectos negativos de ciertas teologías, rehúsan acompañarlos en tiempos difíciles, o predican de forma defensiva, agresiva o superficial.

> **POR ESTA RAZÓN, DIOS MISMO PROVOCÓ LA DESTRUCCIÓN DE ESTA SABIDURÍA HUMANA PARA QUE LA SABIDURÍA DIVINA PUDIERA MANIFESTARSE.**

La comunidad de Isaías perdió «casi todas esas estructuras e instituciones que daban identidad a la comunidad».[6] Esto los llevó a un pozo de desesperanza, donde cuestionaron la bondad y el amor de Dios. Es en este contexto que se introduce la imagen del pastor para asegurar al pueblo que su protector y sustentador aún estaba presente.[7] Tal es el poder de esta promesa que este pasaje fue adoptado por la iglesia antigua como una lección de Adviento, mostrando a un Dios que entra «en la confusión de los asuntos humanos».[8] Una comunidad en deconstrucción necesita un pastor presente que entre en la confusión de la congregación para cuidar, a veces incluso cargar, y siempre liderar con gentileza.

---

5. Johnson, "Shepherd, Sheep", 751.

6. Hanson, Isaiah 40-66, 14.

7. Ibid., 24-25.

8. Ibid., 32.

Desde la perspectiva cristiana, el tema del Mesías como pastor se desarrolla en el Evangelio de Juan, donde el Buen Pastor se contrasta con el ladrón o extraño. Aquí el pastor «es el medio por el cual Dios bendice y protege a su pueblo».[9] Gerard Sloyan subraya la importancia cristológica de este pasaje, que muestra «la intimidad incomparable entre Jesús y el Padre y el efecto de que él entregue libremente su vida por sus ovejas».[10] El texto hace afirmaciones que no pueden hacerse de ningún otro pastor que no sea Cristo, especialmente considerando las connotaciones políticas del texto, que van más allá de nuestras ideas modernas del cuidado pastoral. Según Sloyan, el uso de la palabra kalos[11] señala el papel de Jesús como «el repositorio humano de todos los poderes y funciones del Señor de Israel».[12] También advierte sobre los peligros de pastores que puedan «identificarse con el 'noble pastor' en cada punto»,[13] una tentación que ha llevado a predicadores a asumir a la ligera la posición de un buen pastor mientras posicionan a sus «oponentes» como ladrones.

Esta advertencia nos recuerda que debemos evitar encontrar un equivalente humano de todas las características del Buen Pastor. Sin embargo, antes de que termine el Evangelio de Juan, en el capítulo 21, Jesús aplica la metáfora del pastor a sus discípulos, señalando que el Buen Pastor ha discipulado buenos pastores para continuar su trabajo.[14] Otros piensan que el uso de kalos en lugar de agathos, una palabra

---

9. Johnson, "Shepherd, Sheep", 752.

10. Sloyan, John, 139.

11. No solo hermoso y exquisito, sino noble.

12. Sloyan, John, 128.

13. Ibid., 130.

14. Johnson, "Shepherd, Sheep", 753.

que describe algo supremamente justo, apunta a la invitación divina de imitar a Cristo.[15]

Es necesario prestar atención a la advertencia de Sloyan sin ignorar que la enseñanza del Buen Pastor se origina en una controversia entre Jesús y los fariseos; es en este contexto que Jesús contrasta al buen pastor con «ladrones y lobos». Cuando Pablo usa la imagen de un pastor para referirse al liderazgo de la iglesia, también advierte sobre lobos feroces que pervierten la verdad, no perdonan al rebaño y llevan a los discípulos a alejarse (Hechos 20:28-31). La misma metáfora del pastor se usa en 1 Pedro para referirse a los ancianos de la iglesia, mencionando un león rugiente que trae sufrimiento (1 Pedro 5:1-11).

Gunther reconoce varias características del Buen Pastor en el Evangelio de Juan, pero encuentra que el énfasis pastoral está más en la motivación del corazón del pastor que en sus tácticas de liderazgo.[16] Las tácticas no necesariamente se aplican en diferentes contextos. Por el contrario, el corazón pastoral siempre será requerido y se esforzará por encontrar tácticas para la realidad específica de la iglesia local, sea cual sea el contexto.

---

15. Gunter, "For the Flock", 10-11.

16. Ibid., 9.

EL DESAFÍO DE LA DIVERSIDAD DE CREENCIAS

Uno de los desafíos que enfrentan los pastores es la diversidad de creencias dentro de la fe cristiana. Las desviaciones más extremas se llaman herejías. Rhyne R. Putman aclara que este término no se aplica a "cada error o fallo interpretativo".[17] Él considera que la "herejía" solo se aplica a creencias que equivalen al abandono de la fe. McGrath dice que la herejía formula creencias esenciales de maneras que pueden ser inadecuadas o destructivas, pero cree que entre la ortodoxia y la herejía hay una "penumbra de puntos de vista".[18] Algunos evangélicos tildan de herejía cualquier forma de deconstrucción, sin considerar que la ortodoxia es más generosa y diversa de lo que parece.

Aunque consideremos una creencia herética, McGrath señala que la herejía no es resultado de apóstatas malevolentes,[19] a pesar de lo que afirmaron algunos primeros cristianos y muchos anti-deconstruccionistas actuales. Una creencia destructiva no significa que la persona tenga malas intenciones. Esta distinción impacta cómo un pastor aborda la situación. Un corazón pastoral es consciente de falsos maestros, pero sabe que no toda idea diferente nace de malas intenciones. Está abierto al diálogo, asumiendo que las personas tienen intenciones honestas hasta que se demuestre lo contrario. Los pastores pueden

---

17. Putman, When Doctrine Divides, 206.

18. McGrath Heresy, 12.

19. Ibid., 175.

estar equivocados y comprenden que hay espacio en la ortodoxia para opiniones diferentes. Los equipos ministeriales también son útiles para recibir diversas opiniones que enriquecen su trabajo.

Putman dice que los desacuerdos doctrinales tienen varias fuentes: leemos, razonamos, sentimos y tenemos prejuicios diferentes. Sugiere que al enfrentar lecturas divergentes, evaluemos si realmente hay un desacuerdo o es solo una diferencia semántica. A veces usamos diferentes conceptos para la misma idea o leemos el mismo texto en contextos distintos.[20] Si hay un desacuerdo real, debemos abordarlo con virtud epistémica: "curiosidad, honradez intelectual, actitud enseñable, paciencia, discernimiento, creatividad y sabiduría".[21] Luego, debemos considerar quién está en mejor posición interpretativa. Si no somos nosotros, debemos decidir si adoptar la postura contraria o suspender nuestro juicio hasta estar mejor informados. Los pastores a veces caen en la trampa de las expectativas de la gente, creyendo que deben tener todas las respuestas. Pero deben entender que no pueden estar informados de todo.[22] A veces la mejor respuesta pastoral es "no sé" o «no estoy seguro»; un corazón pastoral se enfoca en la salud del rebaño más que en alimentar un ego falso.

Lidiar con muchas interpretaciones es algo con lo que los pastores deben hacer las paces. McGrath afirma que, si las Escrituras tienen máxima autoridad, entonces el protestantismo "está obligado a reconocer que se producirán múltiples interpretaciones de las Escrituras, sin medios autorizados para determinar cuál es

---

20. Putman, When Doctrine Divides, 179-82. Para esta sección de su trabajo, Putman se basa en Bryan Frances como una de sus fuentes primarias; Frances, Disagreement.

21. Ibid., 187.

22. Ibid., 193.

'ortodoxa' y cuál 'herética'. Esta dificultad puede aliviarse, pero no resolverse."[23] Debemos reconocer que el Espíritu nunca ha dejado de moverse en su iglesia. La tradición puede ser infundida por el Espíritu. La formación de fe basada en los credos debe recuperarse en las iglesias latinoamericanas.

El teólogo pentecostal James K. A. Smith critica la idea posmoderna de una "religión sin religión", que busca la seguridad de saber antes de creer. La iglesia, en cambio, habita en el misterio y responde con fe: "la proclamación y adopción de identidades confesionales robustas… [una] Ortodoxia Radical".[24] Nuevas generaciones de cristianos latinoamericanos están deconstruyendo su fe en busca de estas identidades robustas, que no encuentran en sus iglesias locales.

Esto no resuelve completamente las diferentes interpretaciones, pero proporciona un "campo de juego" para una sana exploración de la fe. Los pastores son responsables de mostrar que la ortodoxia puede ser "imaginativamente irresistible, emocionalmente cautivadora, estéticamente potenciadora y personalmente liberadora"[25] en la iglesia local

---

23. McGrath, Heresy, 217.

24. Smith, Who's Afraid of Postmodernism, 117.

25. McGrath, Heresy, 234.

EL DESAFÍO DE LA FE RELACIONAL

Un segundo desafío que enfrentan los pastores es la naturaleza relacional de la fe. Las posturas de sospecha suponen que los credos son el resultado de juegos de poder en los que una élite aplastó las ideas disidentes, pero estos realmente deben entenderse como el resultado de un conflicto productivo en el que se pesaron seriamente todas las opciones disponibles. Los credos resultantes representan el consensus fidelium, el consenso de los fieles.[26] La Biblia da fe de sí misma como un libro escrito por una comunidad de fe, la fe cristiana bien entendida nunca puede ser individualista. Mientras que la creencia es cognitiva, la fe es de naturaleza relacional. La fe se trata principalmente de "confianza, compromiso y amor… [Mientras] las creencias [encarnadas por credos] representan un intento de poner en palabras la sustancia de esa fe".[27]

Downing destaca la naturaleza relacional de la verdad: "Los pensadores posmodernos más significativos reconocen que la verdad es relacional también: se percibe a través de las creencias, valores y prácticas de la comunidad".[28] Pensar que los humanos son capaces de vivir sin determinación social externa no es más que un mito moderno. Willimon nos señala la realidad de que no se trata de si estamos siendo determinados por una comunidad de interpretación sino cuál comunidad de interpretación es la que estamos permitiendo deter-

---

26. Ibid., 27-28.

27. Ibid., 22.

28. Downing, How Postmodernism Serves (My) Faith, 206.

minar nuestra vida.[29] Su advertencia a los líderes pastorales que están lidiando con preguntas sobre su fe es valiosa y relevantes:

Se vale tener una pelea de amantes con la tradición de la iglesia, luchar con y cuestionar qué tradición es ratificada por Dios y cual es una espuria irrelevancia. Sin embargo, no se vale ponerse a uno mismo o a su cultura por encima de la historia de Jesús de Nazaret como se representa en los credos, concilios y la fe de la iglesia.[30]

Los pastores desarrollan relaciones profundas con el Buen Pastor y su rebaño, tanto la manifestación inmediata de este rebaño en la iglesia local, así como el rebaño histórico sobre el cual han presidido otros ministros. Nutrir estas relaciones contemporáneas e históricas sustenta el ministerio.

EL PROPÓSITO DETRÁS DE LA DESTRUCCIÓN DIVINA

En mi opinión, hay una diferencia entre una deconstrucción divina y renovación de la fe y otros tipos de deconstrucción de la fe. Isaías 29:13 muestra que la destrucción que Dios está trayendo a la sabiduría y estructuras de pensamiento de su pueblo, viene con el propósito explícito de acercar sus corazones a él. Esta distinción es importante

---

29. Willimon, Pastor, 19-20.

30. Ibid., 22.

porque algunos tipos de deconstrucción pueden producir el efecto contrario: alejar a las personas de Dios.[31]

Miremos la experiencia de Pedro mucho antes de llegar a la casa de Cornelio, cuando aún caminaba con el Cristo encarnado. A medida que se acercaba la crucifixión, Jesús anunció noticias sorprendentes a sus discípulos: "Simón, Simón, date cuenta de que Satanás ha pedido zarandearlos a ustedes como si fueran trigo; pero yo he rogado por ti, para que tu fe no falle. Y cuando eso pase y tú te hayas vuelto a mí, fortalece a tus hermanos" (Lucas 22:31–32 NBV). La fe de Simón estaba a punto de ser destrozada. Lo sorprendente de este anuncio es que el agente esta vez no era el Espíritu Santo sino Satanás. Aún más sorprendente es el hecho de que Dios lo permitió. La advertencia de Jesús muestra este evento era muy serio, la fe de Pedro podía fallar y todo lo que Jesús podía hacer era orar. Sin embargo, si Pedro regresaba después de haber atravesado esta experiencia desgarradora, estaría en la posición de fortalecer la fe de otras personas.

Al leer este pasaje me vienen a la mente tres lecciones.

1. Confianza y Paciencia. La deconstrucción de la fe tiene cierto misterio. Hay momentos en los que es necesario dejar a la persona afrontar el misterio a solas. La única manera que tiene un pastor de saber cuándo dar un paso atrás y cuándo insistir es cultivando tanto la sensibilidad a la voz del Espíritu y como una relación significativa con la persona que atraviesa la

---

31. La deconstrucción de la fe también podría alejar a las personas del cuerpo eclesial, mientras continúan buscando a Dios con un corazón sincero.

deconstrucción. Swoboda advierte que la reflexión paciente es tan incómoda que la sacrificamos en el altar de las soluciones y respuestas rápidas, y al hacerlo "asumimos que un Dios compasivo está obligado a aliviar el sufrimiento instantáneamente",[32] por lo que hacemos eso cuando ayudamos a otros, dándoles rápidamente respuestas memorizadas. Pero este autor nos recuerda cómo Jesús decidió no resolver las dudas de Tomás sino hasta una semana después. Aún más importante, durante ese tiempo de duda el apóstol seguía siendo parte importante de la comunidad de fe.

2. La Oración y las Segundas Oportunidades. Los pastores reconocen que no todo se soluciona con un sermón y muy poco se logra imponiendo la autoridad, pero entienden que un corazón pastoral que ora puede lograr grandes victorias. Un corazón así prepara al líder para darle la bienvenida de nuevo a alguien que se alejó de la comunidad de discípulos, no sólo sin juzgar, sino incluso animándole a continuar caminando en los propósitos de Dios más fuerte que nunca. Dios honra un corazón pastoral.

3. El Poder Redentor de Dios. No todos los procesos deconstructivos son guiados por el Espíritu, pero incluso aquellos guiados por el adversario pueden dar frutos para el reino de Dios.

---

32. Swoboda, After Doubt, 113.

Dios lleva a su pueblo a la destrucción y renovación de su fe con el objetivo principal de acercarlos a él; él lo hizo con la comunidad de Isaías, pero también con la comunidad de Corinto.

LAS BENDICIONES PARA LA COMUNIDAD DE CORINTO

El segundo caso en el que Dios afirma que va a destruir y renovar la sabiduría humana se puede encontrar en la primera carta a la iglesia en Corinto:

Porque Dios mismo dice: "Destruiré los planes humanos por sabios que parezcan, y haré caso omiso de las ideas humanas por más brillantes que sean". (1 Corintios 1.19 NBV)

Esta cita es uno de "los pilares gemelos sobre los que se sustenta la exposición de Pablo [1:19 y 1:31]… tomados de pasajes que describen a Dios como uno que actúa para juzgar y salvar a su pueblo en formas que desafían las expectativas humanas".[33] Estos líderes eran admirados por sus habilidades y conocimientos, lo que dividió a la comunidad en diferentes facciones. Es importante recordar que esos líderes sí tenían capacidades excepcionales, y las actitudes de la comunidad no reflejaban necesariamente el comportamiento de los líderes como Pablo, Cefas y Apolos. Incluso había una facción de Cristo, que probablemente afirmaba ser los verdaderos seguidores de Cristo, pero

---

33. Hays, First Corinthians, 26.

mostraban actitudes contrarias a Él. La comunidad de Corinto, llena del Espíritu y fluida en dones de lenguas y profecía, necesitaba una deconstrucción del Espíritu para sanar a través de las acciones salvadoras de Dios.

La mención de lo que buscan judíos y griegos representa no solo lo que la iglesia corintia admiraba, sino las "idolatrías básicas de la humanidad". La máxima expresión de idolatría es insistir en que Dios debe conformarse a nuestras ideas de cómo debería actuar.[34] La cruz se presenta como una revolución[35] que muestra el mayor poder y sabiduría del mundo a través de la debilidad y la locura de una cruz.36 Solo la cruz podía derribar a los dioses creados por la sabiduría humana, dioses que eran solo "proyecciones de la caída humana y fuentes de orgullo humano", accesibles solo para la élite.[37]

La cruz fue el cumplimiento de la promesa divina de destruir nuestra sabiduría y expectativas humanas, una promesa que se encuentra en las Escrituras. Pablo cita las palabras de Isaías con la fórmula gevgraptai (gegraptai), que usa exclusivamente para referirse a la Biblia hebrea; para Pablo, decir "porque escrito está" es argumento suficiente.[38] Thiselton cita a Ulrich Luz: "Para Pablo, el Antiguo Testamento no es algo que haya que entender en primer lugar, sino algo que por sí

---

34. Fee, First Epistle to the Corinthians, 77.

35. Aquí uso el término epistemología para referirme al conocimiento en general, de una manera anglicista como lo está haciendo Hays en la sección citada al final de esta oración. Admito que el término más acertado para transmitir esta idea en español es gnoseología, ya que en español la epistemología se puede entender de forma más restrictiva, como referente solo al conocimiento científico.

36. Hays, First Corinthians, 27.

37. Ibid., 76.

38. Ibid., 72.

mismo crea entendimiento".[39] La destrucción y renovación divina de la fe en Corinto ocurre cuando las Escrituras se toman en serio y se usan para interpretar las acciones salvadoras de Dios.

Thiselton explica que "Dios decidió revertir lo que se percibía como sabio en un acontecimiento que aparentemente consistía en debilidad y fracaso, pero que conduciría a nuevos comienzos y a un pueblo purificado y transformado".[40] Esto describe cómo muchos creyentes experimentan la deconstrucción: lo que parecía un fracaso debido a una fe débil resulta ser un nuevo comienzo transformador.

LA BENDICIÓN DE UN CORAZÓN PASTORAL

La correspondencia corintia muestra el corazón pastoral de Pablo. Es fácil pensar en él solo como un gran teólogo, pero sus cartas son explícitamente pastorales. En 2 Corintios 11, vemos que el corazón pastoral de Pablo hacia la iglesia de Corinto y la iglesia en general lo hizo soportar duras pruebas en el ministerio, probando su apostolado. Su autoridad no proviene solo de una posición, sino de un corazón pastoral probado, contrastado con el corazón de un falso apóstol, similar a un lobo y ladrón. Un corazón pastoral se caracteriza por una presencia dedicada, sacrificio personal, compromiso, atención,

---

39. Thiselton, First Epistle to the Corinthians, 160. Cita la obra de Luz, Das Geschichtsverständis des Paulus, 134.

40. Thiselton, First Epistle to the Corinthians, 161.

paciencia y tiempo invertido, mientras que un corazón de lobo exhibe actitudes opuestas.

El corazón pastoral afecta directamente cómo se ejerce el ministerio. Beasley-Murray observa cómo el tono de Pablo se vuelve paternal cuando escribe sobre Onésimo o a los Corintios, algo que evita al escribir a Roma o Colosas, iglesias que él no estableció. La metáfora padre-hijo era común en el mundo antiguo para describir la relación maestro-discípulo. Pablo se presenta como madre y padre (1 Tesalonicenses 2:7–8; 11:12; Gálatas 4:19–20; 1 Corintios 3:1–3; 4:14-21), llamando a sus hijos a imitarlo, no por arrogancia, sino debido a la estrecha relación pastoral que involucra aliento y disciplina. Pablo limitó su autoridad a apelar y animar en lugar de mandar, enseñando a las iglesias a tomar sus propias decisiones con espacio, tiempo y argumentos.[41]

Es un error romper la relación con este tipo de líder, aunque la iglesia de Corinto favorecía las muchas voces de otros maestros (1 Corintios 4:15). Un líder temeroso de perder el corazón de una persona por voces peligrosas puede sentirse tentado a asumir un papel autoritario, pero esto solo empeoraría las cosas. Pablo presenta un enfoque sabio que requiere la paciencia de un pastor, no las estrategias de un gerente.

---

41. Algunos ejemplos citados por Beasley-Murray que muestran el estilo no autoritario de Pablo son: Romanos 12:1; 15:30; 16:7; 1 Corintios 1:10; 4:16; 16:16; Efesios 4:1; 1 Tesalonicenses 2:11. Beasley-Murray, "Pastor, Paul As", 654-57.

LA BENDICIÓN DEL MISTERIO

La segunda bendición que Dios dio a la comunidad de Corinto fue el don del misterio, pero no como ellos esperaban. Senkbeil afirma que el carácter pastoral (habitus) se basa en administrar el misterio central de Dios, que es Jesús. Según él, si nuestro ministerio se enfoca en un mensaje espiritual, traicionamos nuestro llamado y nos convertimos en vendedores del evangelio, luchando por persuadir a clientes reacios a «comprar» nuestro producto, en lugar de ser emisarios de Dios que invitan a la libertad: "Arrepiéntanse y crean las buenas noticias" (Marcos 1:15 NBV).[42] Senkbeil define el misterio como "algo más allá de la percepción sensorial y del intelecto humano";[43] pero a través de Cristo, el misterio inaccesible de Dios se reveló a la humanidad. Por eso Pablo dice a los Corintios que los que están en el ministerio son "siervos de Cristo encargados de impartir los secretos del Señor" (1 Cor 4:1 NBV).

Thiselton reconoce dos problemas con la palabra misterio. Para los lectores modernos, «misterio» sugiere algo impenetrable porque nunca será coherente o inteligible. Para los corintios, seducidos por las religiones mistéricas, la palabra significaba un conocimiento exclusivo para los iniciados.[44] Ninguno de estos conceptos refleja lo que Pablo quiere decir. Él explica que la sabiduría de Dios es el misterio revelado del Cristo crucificado: "La sabiduría de Dios no es una en-

---

42. Senkbeil, Care of Souls, 29.

43. Ibid., 20.

44. Thiselton, First Epistle to the Corinthians, 241.

señanza inaccesible compartida en secreto… 'Misterio' se refiere a algo antes oculto en Dios, pero ahora revelado en la historia a través de Cristo y entendido por su pueblo mediante el Espíritu".[45]

Los pastores administran los mayores misterios de la creación: fe, esperanza, perdón, amor, redención y más. El gran misterio de Dios se ha revelado a través de Jesús, pero los pastores entienden que los misterios exigen reverencia, temor y temblor porque "la Escritura nos llama a un mundo de misterio; algo está en marcha que no puede ser contenido dentro de nuestros sistemas de conocimiento… la Escritura engendra humildad interpretativa". La humildad, nacida del amor y del asombro, es el resultado de encontrarse con el misterio de un Señor crucificado. Un corazón humilde es esencial para el ministerio pastoral.

LA BENDICIÓN DE ESTABLECER LÍMITES SABIOS Y AMOROSOS

Los límites son otra bendición que Dios brinda a la comunidad de Corinto, necesitada de una destrucción-renovación divina de la fe. La iglesia de Corinto no tuvo problemas para establecer límites entre ellos: distinguieron entre los supuestamente maduros y los principiantes, entre los seguidores de Pablo y los de Apolos, y entre los que tenían comida y los que no. Pero tuvieron problemas para establecer

---

45. Fee, First Epistle to the Corinthians, 112.

límites entre su identidad religiosa y el mundo. Lo mismo puede suceder en las comunidades donde se produce la deconstrucción de la fe. Se pueden trazar líneas divisorias entre aquellos que están deconstruyendo y aquellos que no, con actitudes defensivas hacia el mundo que llevan a desdibujar límites importantes.

Las primeras comunidades cristianas buscaban límites a través del diálogo abierto y el intercambio de documentos fundamentales, pero la expansión de la fe y un ambiente antagónico llevaron a un punto donde estas "comunidades no podían imponer conformidad". Esto generó incertidumbre sobre qué recursos considerar autoritativos, interpretaciones divergentes y diversidad de patrones de adoración. Sin embargo, "la diversidad sociológica del cristianismo primitivo no era ni remotamente cercana a la anarquía teológica",[46] y tan pronto como fue posible, la iglesia elaboró declaraciones doctrinales formales para preservar «los misterios centrales de la fe y la vida cristiana, mientras permitían ser examinadas y exploradas a profundidad".[47]

La deconstrucción resiste la idea de límites porque tiende a aislar y dañar a otros. La exclusión debe evitarse, especialmente en la iglesia, pero toda organización humana necesita límites para sobrevivir; de lo contrario, moriría por disolución. Sin embargo, los límites también pueden matar por aislamiento, volviendo una organización irrelevante y sectaria.

En «The Boundaryless Organization», los autores proponen ver las organizaciones como organismos vivos y adaptables. Las células necesitan estructura y protección, pero si se aíslan completamente,

---

46. Ibid., 45-46.

47. Ibid., 29.

mueren por falta de oxígeno y nutrientes. La naturaleza resolvió esto con membranas, que proporcionan definición y protección, pero son permeables, permitiendo el acceso a nutrientes y oxígeno. Para las organizaciones humanas, "el desafío es encontrar el equilibrio adecuado, determinar qué tan permeables deben ser los límites y dónde colocarlos".[48]

El apóstol Pablo muestra cómo esta permeabilidad debe ejercerse en la iglesia a través de la sabiduría y el amor, no con políticas rígidas. Condena claramente las acciones impropias, pero también permite la permeabilidad, aceptando cierta flexibilidad. Ejemplos incluyen permitir que una esposa viva con un marido incrédulo o se divorcie de él, recibir no creyentes en la congregación y aceptar invitaciones a cenar con incrédulos. El liderazgo saludable es consciente de estas distinciones y comprende que los límites saludables son permeables.

LA IGLESIA DEL CONJUNTO CENTRADO

Para establecer límites saludables, el trabajo del teólogo Mark Baker es útil. Baker, con experiencia como misionero en Tegucigalpa, Honduras, une su experiencia con la propuesta de Paul Hiebert sobre conjuntos para diferenciar entre iglesias con una postura de conjunto cerrado, difuso o centrado.[49]

---

48. Ashkenas et al., Boundaryless Organization, 3-4.
49. Baker, Centered-Set Church, 19-41.

Iglesias Cerradas: Trazan líneas para diferenciar a los de afuera de los de adentro, basadas en creencias y comportamientos correctos. Los que no cumplen ciertos criterios son excluidos, produciendo sentimientos de inferioridad en ellos y de justicia propia en los de adentro. El problema no está en tener límites claros, sino en imponerlos avergonzando y excluyendo a otros.

Iglesias Difusas: Borran completamente las líneas divisorias para evitar la exclusión. Este enfoque es atractivo para las sensibilidades posmodernas que defienden la tolerancia como virtud suprema. La pertenencia no puede ser claramente establecida. Aunque se habla mucho de amor, este es superficial ya que la verdad es sacrificada en el altar de la tolerancia. El centro es el yo individualista, resultando en vidas sin un norte. En lugar de experimentar un ministerio pastoral fiel, la gente es descuidada por la falta de claridad del pastor, nacida del miedo a herir sentimientos.

Iglesias Centradas: Distinguen quién es parte de la comunidad poniendo a Dios en el centro y viendo la conversión como movimiento hacia ese centro. Estas iglesias se interesan en la dirección en que se mueve la vida de una persona en relación a Cristo, sin importar qué tan cerca del centro esté. Son conscientes de que cada individuo se mueve a un ritmo diferente; alguien en el margen podría moverse más rápido hacia el centro que una persona más cercana al centro.

La iglesia centrada intenta mantener altas expectativas en el discipulado y permitir un alto grado de inclusión. El centro es constituido por la comprensión que la comunidad tiene del texto bíblico, los modelos de discipulado y las tradiciones teológicas.

El modelo de iglesia centrada tiene sus limitaciones. Aplicarlo no erradica automáticamente el problema de ser una iglesia cerrada, ni garantiza la solución a las diversas sensibilidades de las personas. Sin embargo, puede ser útil para una iglesia que busca genuinamente nuevos enfoques para un ministerio fiel en su contexto.

TAXONOMÍAS DOCTRINALES

Usar taxonomías doctrinales es clasificar o categorizar creencias doctrinales. Esto sigue la sabiduría del *adagio in necessariis unitas, in non necessariis libertas, in omnibus caritas* (en lo esencial unidad, en lo no esencial libertad, en todo caridad). En lo esencial unidad se refiere a las creencias necesarias para ser cristiano, como la resurrección de Jesucristo. En lo no esencial libertad reconoce que hay temas sin consenso entre diferentes tradiciones eclesiásticas (por ejemplo, hablar en lenguas). En todo caridad declara que las relaciones cristianas deben caracterizarse por el amor, incluso en los conflictos.[50] Este principio recuerda que la fe no es solo qué creemos, sino cómo creemos.

Las taxonomías doctrinales suelen representarse con tres círculos concéntricos, siendo el más importante el central. Tony Scarcello sugiere que el primer círculo sea lo esencial, el segundo círculo sean dogmas (temas firmemente aceptados) y el tercer círculo sean

---

50. Debo mencionar que un número de personas que se identifican como cristianos no creen en la resurrección literal de Cristo. Un artículo de la BBC muestra un ejemplo, ver "Resurrection Did Not Happen".

opiniones sostenidas holgadamente.[51] Wittmer propone que el círculo central sea lo que los cristianos deben creer, el siguiente lo que no deben rechazar y el tercero lo que deberían creer. Albert Mohler sugiere que las doctrinas esenciales de la fe cristiana estén en el primer nivel, las doctrinas que generan divisiones significativas entre cristianos en el segundo nivel y las doctrinas menores que no separan a los creyentes en el tercer nivel.[52]

El enfoque pastoral de Pablo de mandamientos, concesiones y opiniones puede verse como la aplicación práctica de un método similar. Esta sabiduría práctica es útil al tratar la deconstrucción a nivel eclesiástico.

CÓMO CREER: AMOR

"El saberlo todo hace que nos sintamos orgullosos. Lo que se necesita es el amor que edifica" (1 Cor. 8:1 NBV). Este principio simple resalta la importancia que Pablo le dio a cómo creen los cristianos. Los cristianos, ya sea que experimenten deconstrucción de su fe o no, a menudo confunden el conocimiento con la suficiencia para la vida cristiana. Las conversaciones sobre la deconstrucción de la fe pueden convertirse en discusiones intelectuales infructuosas, centradas en el conocimiento "correcto". La Biblia también nos llama a prestar atención a cómo creemos.

---

51. Scarcello, *Regenerate*, 129.

52. Mohler, "Call for Theological Triage".

La deconstrucción se nutre de las tensiones y no se apresura a resolverlas. El amor es el máximo generador de tensiones porque fomenta conexiones profundas con los otros. Las conversaciones sobre la deconstrucción de la fe necesitan replantearse y tratarse bajo estándares diferentes al simple conocimiento, no como una forma de manipulación psicológica o para evadir conversaciones difíciles, sino con el entendimiento genuino de que "el conocimiento es defectuoso si no edifica la comunidad en el amor". La fe de otros debe considerarse sagrada y tratarse con un corazón amoroso; sin amor no hay verdadero discipulado.

El amor crea tensión, donde florece la deconstrucción, al buscar el equilibrio entre la autoafirmación y la edificación de la comunidad. Exige autoimponerse límites mientras se usa el conocimiento para edificar a otros. Ejemplos prácticos en las iglesias podrían incluir escuchar música secular, teorías de la expiación, la relación iglesia y cultura, cuidado de la creación, escatología, diferenciar el yoga como ejercicio de una forma de espiritualidad, asuntos de género, la literalidad del infierno o el consumo de alcohol. Hays dice: "1 Corintios 8 debe leerse como una invitación a los corintios 'fuertes' para que se unan a Pablo en la mesa con los débiles".[53] Solo el amor puede construir una mesa suficientemente robusta y grande para que el conocimiento se sirva, incluso cuando no todos lo comparten, y el amor sigue siendo el plato principal.

---

53. Ibid., 142.

LA BENDICIÓN DE UN CUERPO

La imagen de una mesa de amor nos lleva a la famosa metáfora del cuerpo. Esta metáfora en 1 Corintios armoniza con la imagen de la vid en Juan, sugiriendo una eclesiología basada en la unidad entre creyentes y con Cristo. La carta a los corintios amplía esto a una eclesiología de diversidad en la unidad. Las diferencias en la iglesia no tienen por qué llevar a división. Existe una relación interdependiente que produce un entendimiento del dolor de uno como el dolor de todos y el honor de uno como el honor de todos. Ningún miembro puede florecer sin el otro. Esta verdad no se vive de manera esotérica, sino en la comunión diaria y el contacto personal con los dones de los demás.

Esto podría parecerse a la teoría de Balswick et al. sobre el yo recíproco: "el yo recíproco es el yo que, en toda su singularidad y plenitud, se compromete plenamente a una relación con otro en toda su particularidad… donde la distinción y la unidad se experimentan simultáneamente".[54] Para estos autores, una perspectiva trinitaria implica que "el propósito de la vida es estar en una relación recíproca con Dios y otros"[55] donde una persona madura tiene "la capacidad e inclinación de reciprocar cada una de estas características: 'amar y ser amado, perdonar y ser perdonado, empoderar y ser empoderado, y conocer y ser conocido".[56] El objetivo de un proceso de madurez es desarrollar

54. Balswick et al., Reciprocating Self, 54.

55. Ibid., 334.

56. Ibid., 351.

una fe diferenciada, una fe que se encuentra entre dos extremos enfermizos: una unidad en la que la singularidad desaparece y una unicidad en la que la individualidad es exagerada.[57]

Tanto la unidad como la diversidad son características de una iglesia saludable según los estándares del Nuevo Testamento. La vida en una comunidad así está llena de desafíos, tensiones y milagros. Lo que podría parecer una amenaza puede conducir a una comunidad de fe que disfruta plenamente de la provisión divina para quienes se enfrentan a lo desconocido.

CONCLUSIÓN, LA TAREA PRAGMÁTICA

Parte importante de ser líder es realizar experimentos. No toda estrategia tendrá éxito, por lo que los pastores no debemos aferrarnos a ellas, sino tener la sabiduría de saber cuándo insistir y cuándo desistir. Lartey propone un ciclo pastoral que pasa de la experiencia a la exploración, la reflexión, la respuesta y, finalmente, a una nueva experiencia.[58] Este ciclo interminable demanda una constante lluvia de ideas, implementación y aprendizaje. Una estrategia que no funciona no es perjudicial si se gestionan las expectativas, si las consecuencias son medidas y si los egos están sanos. Los pastores no deberíamos

---

57. Ibid., 333-35.
58. Lartey, Pastoral Theology, 84.

correr ciegamente tras el cambio, sino cambiar las cosas en aras del crecimiento y la madurez.

Un corazón pastoral comprometido con la tarea pragmática cultiva una vida de liderazgo de servicio. Las estrategias nacidas del corazón de un líder-siervo ayudarán a la congregación a "cambiar de maneras que encarnan más plenamente la servidumbre de Cristo". [59] La característica suprema del corazón de siervo de Cristo es el amor kenótico.

UNA PALABRA DE CONSEJO

Las palabras sabias de Qohélet son extremadamente relevantes para el ministerio pastoral de hoy: «No digas: «todo tiempo pasado fue mejor», pues no sabes si en verdad lo fue" (Eclesiastés 7:10 NBV). El ministerio pastoral ha sido desafiante en cada época que la iglesia ha pasado; pero es hoy, en tiempos posmodernos, cuando el Señor nos ha llamado a nosotros como pastores. La posmodernidad y la deconstrucción son sólo un desafío más en la larga historia del ministerio pastoral. Los pastores debemos seguir la sabiduría del antiguo maestro de Eclesiastés y no invertir nuestra energía anhelando aquello que una vez fue; en cambio, deberíamos tratar de discernir fielmente lo que el Espíritu está haciendo en el presente, para que poder seguirlo mientras enseñamos a otros a hacerlo también.

---

59. Osmer, Practical Theology, 192.

La deconstrucción es algo que sucede, sucede desde adentro, no es un método, es un llamado, es un sí al otro y es afirmativa de las instituciones. Estas seis características pueden ayudarnos como pastores a cuidar de las personas que están pasando por procesos deconstructivos en nuestras congregaciones. Además, tengo la esperanza de que estas seis características de la deconstrucción puedan ayudarnos a los pastores a cultivar procesos deconstructivos como parte del trabajo de discipulado, entendiendo que la iglesia es el mejor lugar para que la destrucción-renovación de fe divina suceda, como una obra del Espíritu. Es el trabajo transformador del Espíritu a través de las Escrituras, la comunidad creyente y las experiencias con Dios lo que los pastores anhelamos, y la deconstrución puede ser el vehículo para lograrlo.

Nunca pretendería que este trabajo fuera la última palabra sobre un tema tan complejo, pero espero que el presente libro pueda facilitar el trabajo pastoral en un tema clave. Pienso que el cristianismo latinoamericano está posicionado de manera única para tratar con procesos deconstructivos y que personas con un genuino corazón pastoral pueden tener un impacto profundo y positivo en las vidas de los discípulos contemporáneos. Miramos al futuro con esperanza.

Que Dios nos conceda su sabiduría y su corazón. Amén.

BIBLIOGRAFÍA

Albrecht, Daniel E., and Evan B. Howard. "Pentecostal Spirituality." In The Cambridge Companion to Pentecostalism, edited by Cecil M. Robeck Jr. and Amos Yong, 235–53. Cambridge Companions to Religion. Cambridge: Cambridge University Press, 2014.

Archer, Kenneth J. A Pentecostal Hermeneutic for the Twenty-First Century: Spirit, Scripture, Community. New York: T&T Clark, 2004.

Ashkenas, Ron, et al. The Boundaryless Organization: Breaking the Chains of Organizational Structure. San Francisco: Jossey-Bass, 2002.

Baker, Mark D. Centered-Set Church: Discipleship and Community Without Judgmentalism. Downers Grove, IL: InterVarsity, 2021.

Balswick, Jack O., et al. The Reciprocating Self: Human Development in Theological Perspective. Downers Grove, IL: InterVarsity, 2016.

Barreto, Raimundo C. "Decoloniality and Interculturality in World Christianity: A Latin American Perspective." In World Christianity: Methodological Considerations, edited by Martha Frederiks and Dorottya Nagy, 65–91. Leiden: Brill, 2021. http://www.jstor.org/stable/10.1163/j.ctv1sr6jvr.7.

Beasley-Murray, P. "Pastor, Paul As." In Dictionary of Paul and His Letters. Downers Grove, IL: InterVarsity, 1993.

Borg, Marcus J. Convictions: How I Learned What Matters Most. New York: HarperOne, 2014.

Campbell, Heidi A. "Relationship between Religion Online and Offline." Journal of the American Academy of Religion, 80.1 (March 2012) 64–93.

Caputo, John D. Cross and Cosmos: A Theology of Difficult Glory. Bloomington: Indiana University Press, 2019.

------. Deconstruction in a Nutshell: A Conversation with Jacques Derrida. New York: Fordham University Press, 2021.

------. The Folly of God: A Theology of the Unconditional. Salem, OR: Polebridge, 2016.

------. "Teaching the Event: Deconstruction, Hauntology, and the Scene of Pedagogy." In The Pedagogics of Unlearning, edited by Éamonn Dunne and Aidan Seery. Earth, Milky Way: Punctum, 2016.

------. What Would Jesus Deconstruct? The Good News of Postmodernity for the Church. Grand Rapids: Baker Academic, 2007.

Castelo, Daniel, and Kimberly G. Castelo. "Caring for Contemporary Mystics: Pentecostalism and the Mystical Worldview." Journal of Spiritual Formation and Soul Care 13.1 (2020) 102–14.

Cheong, Pauline Hope. "Authority." In Digital Religion: Understanding Religious Practice in New Media Worlds, edited by Heidi A. Campbell, 72–87. New York: Routledge, 2013.

"Costa Rica." UNESCO, 2018. https://en.unesco.org/countries/costa-rica.

Crouch, Andy. Playing God: Redeeming the Gift of Power. Downers Grove, IL: InterVarsity, 2013.

Crowe, Benjamin D. Heidegger's Religious Origins: Destruction and Authenticity. Indiana Series in the Philosophy of Religion. Bloomington: Indiana University Press, 2006.

Cummings, Ryan. "You Are Your Memories." Filmed November 4, 2016, at TEDx Hollywood. https://www.youtube.com/watch?v=s—bdwJ60Ks.

Davis, Ellen F. Biblical Prophecy: Perspectives for Christian Theology, Discipleship, and Ministry. Interpretation: Resources for the Use of Scripture in the Church. Louisville: Westminster John Knox, 2014.

Derrida, Jacques. The Other Heading: Reflections on Today's Europe. Translated by Pascale-Anne Brault and Michael Naas. Bloomington: Indiana University Press, 1995.

------. Points de Suspension: Entretiens. Edited by Elisabeth Weber. Paris: Galilée, 1992. Eng. Trans. Points.

------. Positions. Translated by Alan Bass. New York: Continuum, 2002. Derrida, Jacques, and Geoffrey Bennington. "Circumfession." In Jacques Derrida, translated by Geoffrey Bennington. Chicago: University of Chicago Press, 1993.

Detweiler, Craig. iGods: How Technology Shapes Our Spiritual and Social Lives. Grand Rapids: Brazos, 2013.

Doehring, Carrie. The Practice of Pastoral Care, Revised and Expanded Edition: A Postmodern Approach. Louisville: Presbyterian, 2015.

Downing, Crystal L. How Postmodernism Serves (My) Faith: Questioning Truth in Language, Philosophy and Art. Downers Grove, IL: InterVarsity, 2006.

Dussel, Enrique. "The Epistemological Decolonization of Theology." In Concilium 2013/2 Postcolonial Theology (2013) 21–31.

Enns, Peter. The Sin of Certainty: Why God Desires Our Trust More Than Our "Correct" Beliefs. New York: HarperCollins, 2016.

Escobar, Samuel. The New Global Mission: The Gospel from Everywhere to Everywhere. Downers Grove, IL: InterVarsity, 2003.

Fee, Gordon D. The First Epistle to the Corinthians Revised Edition. The New International Commentary on the New Testament. Grand Rapids, MI: Eerdmans, 2014.

Frances, Bryan. Disagreement. Malden, MA: Polity, 2014.

Frost, Michael, and Alan Hirsch. The Shaping of Things to Come: Innovation and Mission for the 21st-Century Church. Grand Rapids: Baker, 2003.

Fuentes Belgrave, Laura. "Cambios en las Creencias Religiosas en Costa Rica." SIWÔ 9.1 (2015) 51–77. http://dx.doi.org/10.15359/siwo.9-1.3.

Furnish, Victor Paul. The Theology of the First Letter to the Corinthians. New Testament Theology. Cambridge: Cambridge University Press, 1999.

Gadamer, Hans-Georg. Truth and Method. 2nd ed. Translated by Joel Weinsheimer and Donald G. Marshall. New York: Crossroad, 2004.

Goldingay, John. The Theology of the Book of Isaiah. Downers Grove, IL: InterVarsity, 2014.

González, Justo L. Santa Biblia: The Bible Through Hispanic Eyes. Nashville: Abingdon, 1996.

González, Ondina E., and Justo L. González. Christianity in Latin America: A History. Cambridge: Cambridge University Press, 2008.

Gorman, Michael J. "The Interpretation of the Bible in Protestant Churches." In Scripture: An Ecumenical Introduction to the Bible and Its Interpretation, edited by Michael J. Gorman, 195–216. Grand Rapids: Baker Academic, 2010.

Green, Joel B. Body, Soul, and Human Life: The Nature of Humanity in the Bible. Grand Rapids: Baker Academic, 2008.

Guder, Darrell L., ed. Missional Church: A Vision for the Sending of the Church in North America. Grand Rapids: Eerdmans, 1998.

Gulley, Philip. The Evolution of Faith: How God Is Creating a Better Christianity. New York: HarperOne, 2011.

Gunter, Nathan H. "For the Flock: Impetus for Shepherd Leadership in John 10." The Journal of Applied Christian Leadership 10.1 (Spring 2016) 8–18.

Hanson, Paul D. Isaiah 40–66. Interpretation: A Bible Commentary for Teaching and Preaching. Louisville: Westminster John Knox, 1995.

Hastings, Adrian. A World History of Christianity. Grand Rapids: Eerdmans, 1999.

Hauerwas, Stanley, and William Willimon. "Embarrassed by God's Presence." The Christian Century, Jan 30, 1985, 98–100.

Hays, Richard B. First Corinthians. Interpretation: A Bible Commentary for Teaching and Preaching. Louisville: Westminster John Knox, 1997.

––––––. The Moral Vision of the New Testament: A Contemporary Introduction to New Testament Ethics. New York: HarperOne, 1996.

Hiebert, Paul G. Anthropological Reflections on Missiological Issues. Grand Rapids: Baker Academic, 1994.

Holland, Clifton L. Un Análisis de la Obra Evangélica de Costa Rica en 2013–2014 en Perspectiva Histórica. Programa Latinoamericano de Estudios Sociorreligiosos PROLADES, December 31, 2014, San Pedro, Costa Rica. http://www.prolades.com/costarica/menu/Un%20Analisis%20de%20la%20Obra%20Evangelica%20en%20Costa%20Rica,%202013–2014.pdf.

——————. Historia de la Iglesia Evangélica Costarricense: Reseñas Históricas Denominacionales. Programa Latinoamericano de Estudios Sociorreligiosos PROLADES, ed. 11 Nov, 2017, Guanacaste, Costa Rica.

——————. Religión en Costa Rica. PROLADES, January 25, 2002 http://www.prolades.com/costarica/religion.pdf

Jenkins, Philip. The Next Christendom: The Coming of Global Christianity. New York: Oxford University Press, 2011.

Jenson, Robert W. Systematic Theology: The Triune God. Vol. 1. New York: Oxford University Press, 1997.

Johnson, D. H. "Shepherd, Sheep." In Dictionary of Jesus and the Gospels. Downers Grove, IL: InterVarsity, 1992.

Karris, Mark Gregory. Religious Refugees: (De)Constructing Toward Spiritual and Emotional Healing. Orange, California: Quoir, 2020.

Kinnaman, David, and Mark Matlock. Faith for Exiles: 5 Ways for a New Generation to Follow Jesus in Digital Babylon. Grand Rapids: Baker, 2019.

Kling, Fritz. The Meeting of the Waters: 7 Global Currents That Will Propel the Future Church. Colorado Springs: David C. Cook, 2010.

Langberg, Diane. Redeeming Power: Understanding Authority and Abuse in the Church. Grand Rapids: Brazos, 2020.

Lartey, Emmanuel Y. Pastoral Theology in an Intercultural World. Eugene, OR: Wipf & Stock, 2006.

------. "Pastoral Theology." In The Cambridge Dictionary of Christian Theology, edited by Ian A. McFarlan. Cambridge: Cambridge University Press, 2011.

Londoño, Juan Esteban. "Hermenéuticas Postcoloniales." Alternativas Revista de Análisis y Reflexión Teológica 22.49 (January-June 2016).

Luz, Ulrich. Das Geschichtsverständis des Paulus. Munich: Kaiser, 1968.

Lyotard, Jean-François. The Postmodern Condition: A Report on Knowledge. Translated by Geoff Bennington and Brian Massumi. Minneapolis: University of Minnesota Press, 1984.

Magnin, Lucas. Cristianismo y Posmodernidad: La Rebelión de los Santos. Barcelona: CLIE, 2018.

Maly, Karl. Mündige Gemeinde: Untersuchungen zur Pastoralen Führung des Apostels Paulus im 1. Korintherbrief. Stuttgarter Biblische Monographien 2. Stuttgart, Germany: Katholisches Bibelwerk, 1967.

McGrath, Alister. Heresy: A History of Defending the Truth. New York: HarperOne, 2009.

McKnight, Scot. "Spirituality in a Postmodern Age." Stone-Campbell Journal 13 (Fall 2010) 211–24.

McKnight, Scot, and Laura Barringer. A Church Called Tov: Forming a Goodness Culture That Resists Abuses of Power and Promotes Healing. Carol Stream, IL: Tyndale, 2020.

"Migración Neta—Costa Rica." Banco Mundial, 2017. https://datos. bancomundial.org/indicator/SM.POP. NETM?locations=CR&view=map.

Mohler, R. Albert., Jr. "A Call for Theological Triage and Christian Maturity." Albert Mohler, Jul 12, 2005. http://www.albertmohler. com/2005/07/12/a-call-for-theological-triage-and-christian-maturity/.

Murillo, Álvaro. "Encuesta CIEP-UCR Evidencia una Costa Rica Estatista y Menos Religiosa." Semanario Universidad, Jul 7, 2021. https://semanariouniversidad.com/pais/ encuesta-ciep-ucr-evidencia-a-una-costa-rica-estatista-y-menos-religiosa/.

Murphy, Nancey. Beyond Liberalism and Fundamentalism: How Modern and Postmodern Philosophy Set the Theological Agenda. Valley Forge: Trinity Press International, 1996.

Olson, Roger E. The Journey of Modern Theology: From Reconstruction to Deconstruction. Downers Grove, IL: InterVarsity, 2013.

Osmer, Richard R. Practical Theology: An Introduction. Grand Rapids: Eerdmans, 2008.

Oswalt, John N. The Book of Isaiah, Chapters 1–39. The New International Commentary on the Old Testament. Grand Rapids: Eerdmans, 1986.

Padgett, Alan. "Christianity and Postmodernity." Christian Scholar's Review 26.2 (Winter 1996) 129–32.

Peterson, Eugene H. The Pastor: A Memoir. New York: HarperCollins, 2011.

Pontifical Biblical Commission. "Interpretation of the Bible in the Church." Catholic Resources, Jan 6, 1994. Last updated Jul 15, 2006. https://www.catholic-resources.org/ChurchDocs/PBC_Interp-Full-Text.htm.

Rainie, Lee, and Barry Wellman. Networked: The New Social Operating System. Cambridge, MA: MIT Press, 2012.

"Resurrection Did Not Happen, Say Quarter of Christians." BBC, Apr 9, 2017. https://www.bbc.com/news/uk-england-39153121.

Revista Summa. "Estas Serán las Grandes Tendencias de Redes Sociales en el 2022." Revista Summa, Nov 16, 2021.

Robinson, Brett T. Appletopia: Media Technology and the Religious Imagination of Steve Jobs. Waco, TX: Baylor University Press, 2013.

Rohr, Richard. The Universal Christ: How a Forgotten Reality Can Change Everything We See, Hope For, and Believe. New York: Penguin, 2019.

Root, Andrew. The Pastor in a Secular Age: Ministry to People Who No Longer Need a God. Grand Rapids: Baker Academic, 2019.

Roxburgh, Alan J. Missional Map-Making: Skills for Leading in Times of Transition. San Francisco: Jossey-Bass, 2010.

Scarcello, Tony. Regenerate: Following Jesus After Deconstruction. Eugene, OR: Wipf & Stock, 2020.

Scheuerman, William. "Globalization." In Stanford Encyclopedia of Philosophy Archive, Summer 2014 ed. Seitz, Christopher R. Isaiah 1–39. Interpretation: A Bible Commentary for Teaching and Preaching. Louisville: Westminster John Knox, 1993.

Senkbeil, Harold L. The Care of Souls: Cultivating a Pastor's Heart. Ashland: Lexham, 2019.

Sloyan, Gerard. John. Interpretation: A Bible Commentary for Teaching and Preaching. Atlanta: Westminster John Knox, 1988.

Smith, D. Moody. The Theology of the Gospel of John. New Testament Theology. New York: Cambridge University Press, 1995.

Smith, James K. A. Thinking in Tongues: Pentecostal Contributions to Christian Philosophy. Grand Rapids: Eerdmans, 2010.

––––––. Who's Afraid of Postmodernism: Taking Derrida, Lyotard, and Foucault to Church. Grand Rapids: Baker Academic, 2006.

Stofanik, Stefan. "Introduction to the Thinking of John Caputo: Religion without Religion is the Way out of Religion." In Between Philosophy and Theology: Contemporary Interpretations of Christianity, edited by Christophe Brabant and Lieven Boeve. Farnham, England: Routledge, 2010.

Suurmond, Jean-Jacques. Word and Spirit at Play. Grand Rapids: Eermans, 1994.

Tamez, Elsa. "Lectura Latinoamericana y Caribeña de la Biblia y Lectura Postcolonial de la Biblia: Una Comparación Crítica." Revista Bíblica 82.1–2 (2020):167–88. https://doi.org/10.47182/rb.82–81-22020219.

Taylor, Mark C. Erring: A Postmodern A/Theology. Chicago: University of Chicago Press, 1984.

Thiselton, Anthony C. The First Epistle to the Corinthians. The New International Greek Testament Commentary. Grand Rapids: Eerdmans, 2000.

Tillich, Paul. Shaking of the Foundations. New York: Charles Scribner's Sons, 1948.

Vanhoozer, Kevin J. "Theology and the Condition of Postmodernity." In The Cambridge Companion to Postmodern Theology, edited by Kevin J. Vanhoozer, 3–25. Cambridge: Cambridge University Press, 2003.

Volf, Miroslav. A Public Faith: How Followers of Christ Should Serve the Common Good. Grand Rapids: Brazos, 2011.

Volf, Miroslav, and Matthew Croasmun. For the Life of the World: Theology That Makes a Difference. Grand Rapids: Brazos, 2019.

Wariboko, Nimi. The Pentecostal Principle: Ethical Methodology in New Spirit. Grand Rapids: Eerdmans, 2012.

Wariboko, Nimi, and Amos Yong. Paul Tillich and Pentecostal Theology: Spiritual Presence and Spiritual Power. Bloomington: Indiana University Press, 2015.

Watkin, Christopher. Great Thinkers: Jacques Derrida. Phillipsburg, NJ: P&R, 2017.

Westphal, Merold. Whose Community? Which Interpretation? (The Church and Postmodern Culture): Philosophical Hermeneutics for the Church. Grand Rapids: Baker Academic, 2009.

Wilk, Florian. "Isaiah in 1 and 2 Corinthians." In Isaiah in the New Testament: The New Testament and the Scriptures of Israel, edited by Steve Moyise and Maarten J. J. Menken. London: Bloomsbury, 2005.

Wilkins, M. J. "Pastoral Theology." In Dictionary of Latter New Testament and Its Developments. Downers Grove, IL: InterVarsity, 1997.

Willimon, William H. Acts: Interpretation; A Bible Commentary for Teaching and Preaching. Louisville: Westminster John Knox, 2010.

------. Pastor: The Theology and Practice of Ordained Ministry. Nashville: Abingdon, 2016.

Witherup, Ronald D. "The Interpretation of the Bible in the Roman Catholic Church and the Orthodox Churches." In Scripture: An Ecumenical Introduction to the Bible and Its Interpretation, edited by Michael J. Gorman, 195–216. Grand Rapids: Baker Academic, 2010.

Wittmer, Michael E. Don't Stop Believing: Why Living Like Jesus Is Not Enough. Grand Rapids: Zondervan, 2008.

Woodward, James, and Stephen Pattison. The Blackwell Reader in Pastoral and Practical Theology. Oxford, UK, and Malden, MA: Blackwell, 2000.

Zahnd, Brian. When Everything Is on Fire: Faith Forged from the Ashes. Downer Grove, IL: InterVarsity, 2021.

ALGUNAS PREGUNTAS QUE DEBES RESPONDER:

¿QUIÉN ESTÁ DETRÁS DE ESTE LIBRO?

Especialidades 625 es un equipo de pastores y siervos de distintos países, distintas denominaciones, distintos tamaños y estilos de iglesia que amamos a Cristo y a las nuevas generaciones.

e625.com

¿DE QUÉ SE TRATA E625.COM?

Nuestra pasión es ayudar a las familias y a las iglesias en Iberoamérica a encontrar buenos materiales y recursos para el discipulado de las nuevas generaciones y por eso nuestra página web sirve a padres, pastores, maestros y líderes en general los 365 días del año a través de **www.e625.com** con recursos gratis.

ZONA DE CONTENIDO
PREMIUM

¿QUÉ ES EL SERVICIO PREMIUM?

Además de reflexiones y materiales cortos gratis, tenemos un servicio de lecciones, series, investigaciones, libros online y recursos audiovisuales para facilitar tu tarea. Tu iglesia puede acceder con una suscripción mensual a este servicio por congregación que les permite a todos los líderes de una iglesia local, descargar materiales para compartir en equipo y hacer las copias necesarias que encuentren pertinentes para las distintas actividades de la congregación o sus familias.

¿PUEDO EQUIPARME CON USTEDES?

Sería un privilegio ayudarte y con ese objetivo existen nuestros eventos y nuestras posibilidades de educación formal. Visita **www.e625.com/Eventos** para enterarte de nuestros seminarios y convocatorias e ingresa a **www.institutoE625.com** para conocer los cursos online que ofrece el Instituto E 6.25

¿QUIERES ACTUALIZACIÓN CONTINUA?

Regístrate ya mismo a los updates de **e625.com** según sea tu arena de trabajo: Niños - Preadolescentes - Adolescentes - Jóvenes.

¡APRENDAMOS JUNTOS!

e625.com ⓞ f ▶ ♪ ✕ /**e625COM**

CAPACITACIÓN Y ACTUALIZACIÓN MINISTERIAL ONLINE DE NIVEL UNIVERSITARIO

SIGAMOS CRECIENDO JUNTOS

WWW. INSTITUTOe625. COM

Sigue en todas tus redes a:

⊙ **f** ▶ ♪ ✕ **/e625**COM

SÉ PARTE DE LA MAYOR COMUNIDAD DE EDUCADORES CRISTIANOS

Suscripción de **materiales premium** para iglesias

Recursos gratis

Tienda con envíos internacionales

Chat en tiempo real

Revista Líder 6.25

Educación online **www.institutoe625.com**

Libros Online

Seminarios para iglesias locales

Eventos de **actualización** ministerial

e625.com
TE AYUDA
TODO EL AÑO